Edin Løvås

Wölfe in Schafspelzen

Machtmenschen in der Gemeinde

Aus dem Norwegischen
von Andreas Ebert

W0272204

Brendow Buch Kunst Verlag

Die Deutsche Bibliothek — CIP-Einheitsaufnahme

Løvås, Edin:
Wölfe in Schafspelzen : Machtmenschen in der Gemeinde /
Edin Løvås. Aus dem Norweg. von Andreas Ebert. – Moers :
Brendow, 1996
(Edition C : M ; 150)
Einheitssacht.: Maktmennesket i menigheten <dt.>
ISBN 3-87067-392-3
NE: Edition C / M

ISBN 3-87067-392-3
Edition C, M 150
© 1996 by Brendow Verlag, D-47443 Moers
Originalausgabe: „Maktmennesket i menigheten"
© Ansgar Forlag Oslo, 1987
Einbandgestaltung: Kortüm & Georg, Agentur für
Kommunikation und Gestaltung, Münster
Printed in Germany

Inhalt

Vorwort

Edin Løvås ist eine der bekanntesten Gestalten der erweckt-pietistischen Christenheit Skandinaviens. Seine Bücher (über Bekehrung, Hauskreisarbeit, Jesusmeditation und Gebet) haben in Norwegen und Schweden hohe Auflagen erreicht und vielen Menschen geholfen, zum Glauben zu finden oder ihren Glauben zu vertiefen. Es ist an der Zeit, daß dieser Autor auch dem deutschen Publikum vorgestellt wird. Tiefe, Reife, Weite, Lebenserfahrung, Güte und Humor — das sind einige Stichworte, die mir einfallen, wenn ich an Edin Løvås denke. Obwohl ich ihm erst einmal persönlich begegnet bin, hat mich sein Lebenswerk nachhaltig geprägt und beeinflußt. Davon möchte ich im folgenden ein wenig erzählen.

Edin Løvås wurde 1920 geboren. Mit 18 erlebte er bei einer Erweckungsveranstaltung des norwegischen Missionsverbandes (Freie Evangelische Gemeinde) seine Bekehrung. Er schildert diese Begebenheit in einem seiner Bücher:

„Ich war 18, als ich bekehrt wurde. Damals wohnte ich in Oslo und durchblätterte eines Tages die Veranstaltungsanzeigen der Abendpost. Die (lutherische) Innere Mission inserierte mit einer großen Annonce für eine Evangelisationsveranstaltung, und zunächst wollte ich dorthin gehen. Aber dann entdeckte ich eine Anzeige, die einen Zentimeter größer war. Es ging um eine Erweckungsveranstaltung in der (freien evangelischen) Missionskirche Bethlehem. So ging ich dorthin. Später habe ich oft gedacht: Hätte die Innere Mission damals noch ein paar Fünfer draufgelegt, wäre ich heute vielleicht Pfarrer der lutherischen Staatskirche. Wahrscheinlich hätte ich dann auch etwas andere theologische Ansichten. Man fragt sich, was bei solchen Dingen Zufall und was Gottes Fügung ist…"

Edin Løvås wurde bei der Freien Evangelischen Gemeinde zum Volksmissionar und Erweckungsprediger ausgebildet. Nach einigen Jahren äußerlich segensreichen Wirkens geriet er in eine Krise. Der missionarische Aktivismus hatte ihn geistlich und seelisch erschöpft und ausgebrannt. Zusammen mit ein paar jungen Kollegen zog er sich in die Stille der norwegischen Berge zurück um aufzutanken. Gemeinsam entdeckte und entwickelte diese Gruppe in den 50er Jahren — zunächst für sich selbst — eine neue Form der „Jesusmeditation". Später boten sie auch für andere regelmäßig Einkehrwochen an, die immer auf demselben Prinzip basierten und seither unzähligen Menschen aus allen Konfessionen zu geistlicher Erneuerung und Vertiefung verholfen haben.

Damals war das Wort „Meditation" in volkskirchlichen und erst recht in freikirchlichen Kreisen so gut wie unbekannt, und wenn man es kannte, auf jeden Fall „verdächtig". Die Frömmigkeitsform der Lutheraner war liturgisch durch Wort und Sakrament geprägt; die freien Gemeinden kannten Predigt und Gebetsgemeinschaft. Im Retreatzentrum Sandom, das Edin Løvås und seine Freunde in einem verlassenen kleinen Bauernhof in Mittelnorwegen aufbauten, wurde dagegen viel geschwiegen. In der Einsamkeit des eigenen Zimmers war man täglich zwei Stunden mit einer Jesusgeschichte aus den Evangelien allein. Es ging weniger darum, über diese Geschichte intellektuell nachzudenken, als diese Geschichte innerlich und „ganzheitlich" nachzuvollziehen und nachzuerleben. Es ging um die innere Begegnung mit dem lebendigen und hier und jetzt anwesenden Jesus Christus. Diese Form erinnert stark an die „Exerzitien", die Ignatius von Loyola, der Gründer des Jesuitenordens, entwickelt hat: nicht nur an Jesus denken, nicht nur mit Jesus reden, sondern Jesus betrachten und innerlich erleben!

Jeden Morgen vor dem Frühstück wird in Sandom Abendmahl gefeiert, was für freikirchlich geprägte Menschen recht ungewöhnlich ist. Zwei Stunden körperliche Arbeit gehören ebenso zum Tagesrhythmus wie die Möglichkeit, in der herrlichen Fluß- und Waldlandschaft spazierenzugehen. Während der schweigend eingenommenen einfachen Mahlzeiten hört man klassische Musik. Abends trifft man sich am offenen Kamin zum Austausch. Viele Menschen suchen im Lauf dieser Woche das seelsorgerliche Gespräch oder legen eine „Lebensbeichte" ab. Gedrängt oder aufgefordert wird zu nichts. In Sandom soll der Heilige Geist durch Stille, Wort und Sakrament selbst wirken.

Als Leiter des volksmissionarischen Lorenzer Ladens in Nürnberg bin ich jahrelang jeden Sommer mit Mitarbeitern und Mitarbeiterinnen, aber auch mit „Suchenden" in Norwegen gewesen. Abschluß und Höhepunkt dieser Freizeiten war jeweils eine Meditationswoche in Sandom. Jedes Jahr habe ich miterlebt, wie junge Menschen dabei geistlich erneuert wurden. Niemand blieb von Sandom unberührt. Für mich persönlich gehören die Wochen in Edin Løvås' Einkehrhaus zu den wichtigsten Erfahrungen meiner geistlichen Biographie. Aus der Quelle Sandom bezogen wir in den ersten schwierigen Aufbaujahren in Nürnberg einen nicht unerheblichen Teil unserer geistlichen Kraft. Es gibt in meiner „geistlichen Geographie" ein paar „heilige Orte". Sandom ist wohl der wichtigste.

Mittlerweile sind in Norwegen zwei weitere Einkehrzentren dazugekommen, der Thomashof an der schwedischen Grenze in Südnorwegen und der Lia-Hof für Familienfreizeiten. All das ist aus privater Initiative entstanden, trägt sich selbst, vor allem auch durch Spenden aus einem großen Freundeskreis, und wirkt weit in alle christlichen Kirchen und Gemeinschaften Skandinaviens hinein.

Vielleicht ist es sinnvoll, ein paar Sätze zur kirchlichen

Situation in Norwegen zu sagen, um dem Leser und der Leserin zu helfen, das vorliegende Büchlein besser einzuordnen. In Norwegen gibt es eine große lutherische Staatskirche und starke lutherische Organisationen, vergleichbar unseren „landeskirchlichen Gemeinschaften“ und Missionsgesellschaften, die zwar innerhalb der Kirche arbeiten, aber dennoch selbständig sind. Sie legen großen Wert auf das Engagement von Laien und sind missionarisch und evangelistisch ausgerichtet. Daneben gibt es zahlreiche Freikirchen, die teils evangelikal-pietistisch, teils pfingstlerisch geprägt sind, und eine sehr kleine römisch-katholische Kirche.

Norwegens Christenheit wird von drei markanten Frömmigkeitstypen bestimmt: dem lutherisch-staatskirchlichen mit gelegentlich hochkirchlichen Einflüssen, dem pietistischen und dem charismatischen. Die Christusmystik der Retreat-Bewegung, die auf Edin Løvås zurückgeht, stellt im Grunde einen vierten Typus dar, fühlt sich aber mit allen drei erstgenannten Typen verbunden. Edin Løvås sieht seine Lebensaufgabe darin, eine Kultur der Einkehr und Stille bei Christus in alle christlichen Kreise zu tragen. Nur aus der Stille, so glaubt er, kann wirkliche Evangelisation und Erweckung kommen. In seinen jungen Jahren hatte Edin Løvås einen starken geistlichen Impuls, der ihn lebenslang begleitet hat: „Unsere Zeit braucht Christusjünger!“ Es ist das Ziel seiner gesamten Evangelisations- und Meditationsarbeit, Menschen zu befähigen, dem lebendigen Christus nachzufolgen. „Christus ist über allem, überall und bei allen“ ist sein Motto, Ausgangspunkt und Grundsatz für missionarische Verkündigung. So heißt denn auch die neue Zeitschrift, die er mit herausgibt, OVER ALT (kann als „überall“ oder „über allem“ übersetzt werden).

In den letzten Jahren hat es in Norwegen eine sehr starke geistliche Gemeindeerneuerungsbewegung gegeben (Oase-Bewegung). Diese Bewegung ist charismatisch beeinflußt und ökumenisch offen, grenzt sich aber deutlich von fundamentalistischen und neopfingstlerischen Strömungen amerikanischer Prägung ab. Daneben hat sich — aus den USA und von England kommend — eine andere Bewegung ausgebreitet, die sich „Glaubensbewegung“, „Herrlichkeitstheologie“ oder „Fortschrittstheologie“ nennt. Diese Bewegung lehrt unter anderem, daß Kinder Gottes das Anrecht auf irdischen Wohlstand und diesseitiges Wohlergehen haben. Auf diesem Boden entstehen Gruppen und Gemeinden ohne demokratische Ordnung und Kontrolle. Sie sammeln sich um starke, angeblich direkt von Gott berufene Führergestalten, die ihre Mitarbeiter und Mit-Leiter selbst bestimmen. Das vorliegende Buch von Edin Løvås hat gerade in den letztgenannten Kreisen manches bewirkt. Es hat unter anderem dazu geführt, daß einige bekannte Führerfiguren als „Machtmenschen“ entlarvt und von ihren Gemeinden abgesetzt wurden! Zugleich hat es vielen Ehefrauen und einigen Ehemännern geholfen, deren Ehe eine Hölle von Unterdrückung und Gewalt war.

Wo Menschen beieinander sind, entsteht die Machtfrage. Das gilt innerhalb der Kirche und des Christentums genauso wie in der „Welt“. Es gibt „starke“ Menschen, die ihre Umwelt aufgrund ihrer Begabung, ihrer Ausstrahlung, ihrer Kompetenz, ihrer Rednergabe oder anderer Eigenschaften prägen und beeinflussen. Es gibt „schwache“ Menschen, die meist passiv sind und sich leicht beeinflussen lassen. Im Extremfall führt das dazu, daß es Führer und Geführte gibt, Menschen, die bestimmen und Menschen, die gehorchen. Es gibt schlimme Formen des Machtmißbrauchs, nicht nur in der Politik, sondern auch in christlichen Gemeinden, Kreisen und Familien. Edin Løvås legt im vorliegenden Buch den Finger auf diesen wunden Punkt.

Menschen, deren Stimme immer wieder unterdrückt wurde, verstummen irgendwann von selbst. Ich glaube, daß dieses Büchlein eines erfahrenen Seelsorgers dazu beitragen kann, stumm gemachten Kindern, Ehefrauen und Gemeindegliedern Mut zu geben, den Mund aufzumachen und die Dinge beim Namen zu nennen. Es ist keine christliche Tugend, sich unterdrücken zu lassen und dazu zu schweigen! In der norwegischen Christenheit jedenfalls hat dieses Buch klärend und befreiend gewirkt. Das wünsche ich ihm auch für den deutschsprachigen Raum.

Andreas Ebert

Ein bestürzendes Phänomen

Nach 40 Jahren seelsorgerlicher Arbeit bin ich entsetzt darüber, welches Ausmaß von Leiden durch Machtmenschen einzelnen Christinnen und Christen und christlichen Gruppen und Gemeinden zugefügt wird. Ich bin zugleich bestürzt darüber, daß in christlichen Kreisen und selbst unter sachkundigen Fachleuten über diese Dinge nicht offen und ehrlich geredet wird.

Was sagen christliche Psychiater und Therapeuten? Wie verhalten sich Seelsorger? Was weiß man bei kirchlichen Beratungsstellen? Welche Antworten bekommt man bei der Telefonseelsorge? So weit ich Einblick habe, scheinen die Opfer von Machtmenschen selten ernst genommen zu werden. Vielfach werden sie — wenn sie es endlich wagen, Hilfe zu suchen — schon beim ersten Anlauf abgewiesen; und ihre Unterdrücker wissen das!

Im 2. Korintherbrief erwähnt Paulus „falsche Apostel"; er beschreibt, wie gelähmt die Gemeinde und ihre Leiter im Verhältnis zu diesen Menschen sind: „Ihr nehmt es hin, wenn euch jemand versklavt, ausbeutet, gefangenhält, auf euch herabsieht und euch ins Gesicht schlägt" (2. Kor. 11,20).

Genau dies geschieht auch heute mit vielen unserer Brüder und Schwestern in Christus in Familien, christlichen Gruppen und Gemeinden. Immer wieder habe ich mich gefragt: Müssen sich die Pastoren und „Hirten" der Gemeinde nicht ganz besonders der Opfer dieser Machtmenschen annehmen? Es steht ja geschrieben: „Weidet die Herde Gottes, die euch anvertraut ist, und habt auf sie acht!“ (1. Petr. 5,2). Es steht auch geschrieben, daß wir uns der Schwachen annehmen sollen (1. Thess. 5,14) und daß wir, „die wir stark sind, das Unvermögen der Schwachen tragen“ sollen (Röm. 15,1).

Mir scheint, daß dieses sehr ernste Problem in einem diffusen Nebel liegt. Die Träger von Leitungsverantwortung reagieren an diesem Punkt meist wie gelähmt. Ich vermute, daß die Hirten mitunter genausoviel Angst haben wie die Herde. Sollte das zutreffen, will ich niemandem Vorwürfe machen; denn nichts — außer Satan selbst — ist so angsterregend wie die Situation, die entsteht, wenn irgendwo solche „reißenden Wölfe“ (Apg. 20,29) eindringen.

Das Innenleben eines Machtmenschen

Der Einstellung, das Menschenbild und die Haltung des Machtmenschen werden in erster Linie davon bestimmt, daß er auf Macht aus ist. Er kennt nichts Schöneres als zu herrschen. Machtmenschen haben den unbändigen Drang, die Herzen und Gedanken anderer zu lenken. Christliche Gemeinden und Kreise sind Bereiche, wo sie diesem Bedürfnis meist ungehindert nachgehen können.

Machtmenschen sind in der Regel intelligent und gewinnend; ihren ganzen Einfluß und ihre ganze Energie stecken sie in den Machtkampf. Sie suchen von früh bis spät nach Methoden und Argumenten, die ihnen helfen, ihre Position auszubauen.

Sind diese Menschen krank? Ich bin mir nicht ganz sicher. Es ist möglich, daß ihre Seele einem Auto mit verbogenem Rahmen gleicht. Meiner Ansicht nach geht es aber in erster Linie um eine eingefahrene Handlungsorientierung, eine „Kontinuierlichkeit der Sünde" (Kierkegaard). Jakobus 1,14-16 ist von der „Versuchung zur Sünde" die Rede. Da heißt es: „Wer versucht wird, wird von seinen eigenen Begierden gereizt und gelockt. Wenn die Begierde geschwängert ist, gebiert sie die Sünde; wenn aber die Sünde reif ist, gebiert sie den Tod" (Vers 15).

Um welche Art von Sünde geht es bei Machtmenschen? Wenn wir Jakobus 3,16 und 4,1-2 nachlesen, werden dort Neid, Selbstbehauptung und Machtlüsternheit genannt; ihre Folge sind Streit und Unfriede. Hier sind wir am Kern der Sache. Gewisse Menschen sind zur Machtbegierde disponiert, so wie andere Menschen für andere Sünden besonders anfällig sind. Alle Menschen sind solchen Neigungen ausgesetzt. Deswegen steht im 1. Petrusbrief: „Haltet euch frei von selbstsüchtigen Begierden, die gegen die Seele streiten!“ (1. Petr. 2,11). Hat jemand eine latente Machtbegierde und gibt er ihr in seiner Phantasie und in seinen Gefühlen Raum, wird die Begierde „geschwängert“ und gebiert die Sünde. In diesem Fall bedeutet das, daß sich ein Mensch dem schlimmsten aller Rauschzustände ausliefert: dem Machtrausch. Wer dem Machtrausch fortgesetzt nachgibt, wird nach und nach sein Sklave, „denn von wem jemand überwunden ist, dessen Sklave ist er geworden“ (2. Petr. 2,19). So weit ich es als Christ und Seelsorger beurteilen kann, wird ein Mensch gewöhnlich auf diese Weise zum Machtmenschen.

Kann solch ein Mensch Christ sein? Ich will mich mit meinem Urteil zurückhalten, zumal es Menschen gibt, die keine Vollblut-Machtmenschen sind, aber machtlüsterne Tendenzen erkennen lassen. Ihre Lebensführung und ihre Haltung weisen eine Reihe von Zügen auf, die zum Gesamtbild des Machtmenschen passen.

Dennoch ist es sehr ernst zu nehmen, wenn Jakobus den zitierten Worten hinzufügt: „Wenn die Sünde reif ist, gebiert sie den Tod.“ Das entspricht dem, was 1. Johannes 5,16-17 steht: „Es gibt Sünde, die zum Tode führt... Alles Unrecht ist Sünde; aber es gibt Sünde, die nicht zum Tode führt.“ 2. Petrus 2,12 ist von Menschen die Rede, die an ihrer eigenen Verdorbenheit zugrunde gehen.

Es kann geschehen, daß sich der Machtmensch so lange dem Machtrausch hingibt, bis dieser die Steuerung seiner gesamten Persönlichkeit übernimmt. Dann besteht die Gefahr, daß es zum geistlichen Tod kommt.

Immer im Mittelpunkt

Machtmenschen müssen immer im Zentrum der Aufmerksamkeit stehen. Sie lieben Situationen, in denen ihre Umwelt über sie redet. Sie genießen es, wenn die Leute die Köpfe zusammenstecken oder in den Ecken über sie tuscheln. Es macht ihnen wenig aus, ob gut oder schlecht über sie geredet wird, solange sie das allgemeine Interesse auf sich konzentrieren können.

Sobald sich die Situation beruhigt hat und sie aus irgendeinem Grund nicht mehr im Rampenlicht stehen, ärgert sie das. Dann bemühen sie sich, irgend etwas Dramatisches zu tun, damit sich die Lichtkegel auf sie richten und sie wieder in aller Munde sind. Handelt es sich um einen Gemeindeleiter, kann er zum Beispiel Intrigen und Klatsch inszenieren. Es kann zu einer Fülle von Anschuldigungen kommen. Solch ein Leiter kann sich aus heiterem Himmel mitten in einer Gemeindeversammlung erheben und verkünden, daß er gewissen Leuten die Masken vom Gesicht reißen oder gewisse Mißstände entlarven werde. Er sieht den Splitter im Auge der anderen, aber nicht den Balken im eigenen Auge.

Machtmenschen können aber auch die genau entgegengesetzte Methode verfolgen. Sie können mit einer solchen „Geistlichkeit" auftreten und sich als große Propheten und Helden aufspielen, so daß sie bei den Leuten deswegen ins Gerede kommen. Jesus hat etwas über die Pharisäer gesagt, was — mit zeitbedingten Abwandlungen — auf alle Machtmenschen zutrifft: „Alle ihre Werke tun sie, um von den Leuten gesehen zu werden. Sie machen ihre

Gebetsriemen breit und die Quasten an ihren Gewändern groß. Sie sitzen gern obenan bei Tisch und in den Synagogen und haben es gerne, auf dem Markt gegrüßt und von den Leuten Rabbi genannt zu werden“ (Matth. 23, 5-7). Jesus wollte damit nicht sagen, der beste Christ sei der, der am unauffälligsten ist. Aber er unterstrich nachdrücklich, daß das Motiv für die Handlung eines Christen niemals darin bestehen darf, das Interesse auf sich selbst zu ziehen, um anerkannt zu werden. Als Paulus und Barnabas in Lystra als Götter verehrt wurden und die Leute ihnen opfern wollten, erschraken die beiden derart, daß sie — nach damaliger Sitte — ihre Kleider zerrissen, der Menschenmenge entgegenliefen und riefen: „Was macht ihr da? Auch wir sind sterbliche Menschen wie ihr!“ (Apg. 14,15). Hauptziel ihres Lebens und Tuns war es, Christus zu verherrlichen und sein Evangelium zu verkündigen. Wir dürfen nie vergessen, daß wir Menschen immer nur „Mondlicht“ ausstrahlen können. Das Sonnenlicht kommt von Christus. Ein Machtmensch hätte niemals so reagiert, wie Paulus und Barnabas es getan haben. Er hätte sich statt dessen pudelwohl gefühlt und die Erregung bis zuletzt ausgekostet. Er möchte ja vor allem, daß man ihm dient und sein Wort wie einen göttlichen Befehl befolgt.

Allzeit kampfbereit

Um die Aufmerksamkeit der Leute aufrechtzuerhalten und um sich in immer bessere Machtpositionen hochzuarbeiten, befinden sich Machtmenschen dauernd in Angriffshaltung. Das strengt sie nicht an. Es ist ja ihr Lebenselexier.

Selbstverständlich gibt es auch gesunde Kämpfernaturen. Sie tauchen im Alten und Neuen Testament und in der Kirchengeschichte immer wieder auf. In den Kirchen, Glaubensgemeinschaften und christlichen Institutionen sind Menschen wichtig, die den Mut haben, voranzugehen und etwas durchzusetzen. Es ist auch natürlich, daß solche Naturen auffallen. Wir lesen von ihnen in den Zeitungen, hören von ihnen im Radio und sehen sie im Fernsehen. Manche von ihnen schlagen beim Kampf für die gute Sache und für das, was sie für die rechte Lehre halten, gelegentlich über die Stränge. Manchmal sind ihre Ansichten einseitig und unausgewogen. Sie neigen auch dazu, ihre Gegner ziemlich rücksichtslos zu behandeln. Taktische Schachzüge gehören durchaus zu dem Repertoire von Mitteln, die sie einsetzen, um ihr Ziel zu erreichen.

Dennoch handelt es sich hier um etwas ganz anderes als beim Kampf und bei der Aggressivität der Machtmenschen. Auf den ersten Blick kann es so aussehen, als ginge es auch ihnen um die „Sache“; aber kratzt man ein bißchen an der Oberfläche ihrer „Sache“ oder „Lehre“, merkt man sofort, daß es dem Machtmenschen um ganz andere Dinge geht, als es bei den gesunden Kämpfern der Fall ist. Der Machtmensch ist bereit, seine Gegner auszuschalten, um Platz für sich selbst zu schaffen. Er will seinen Opfern ihre natürliche Selbstachtung nehmen, um desto ungehinderter bestimmen zu können.

In einer Gemeinde möchte die Gruppe der Ältesten, Leiter oder Kirchenvorsteher in der Regel Frieden und eine ruhige Arbeitsatmosphäre bewahren. Zugleich wundern sie sich über all die Intrigen und den Klatsch hinter den Kulissen. Sie versuchen es mit gutem Zureden und mit „klärenden Gesprächen". Eine Weile scheint das zu wirken. Alle freuen sich, und auch die Gemeindeleitung ist zufrieden. Einige Gläubige deuten allerdings vorsichtig an, daß sie wegen einer bestimmten Person gewisse Ängste haben, werden aber beruhigt.

Nach einer kurzen Periode scheinbarer Ruhe und scheinbaren Friedens beginnt jedoch der Streit erneut aufzuflammen. Weitere „Aussprachen" werden abgehalten, Schreibfreudige setzen Briefe auf, die offensichtlich unter innerem Druck entstanden sind. Der Pastor oder Pfarrer und die Verantwortlichen der Gemeinde mahnen zur Einheit. „Wenn es eine Auseinandersetzung gibt, ist niemals einer allein schuld!" sagen sie.

So kann es jahrelang gehen. Der Machtmensch arbeitet während dieser Zeit unermüdlich und ungehindert weiter, während er diejenigen einschüchtert und ausschaltet, die seine Machtposition bedrohen. Mitunter endet es damit, daß solche Menschen den Vorstand unter ihrer Kontrolle haben, so daß es fast unmöglich ist, sie loszuwerden. Zu diesem Zeitpunkt haben sie bereits genügend Anhänger, die bereit sind, allen, die als „Konkurrenten" empfunden werden, mit Haß und Widerwillen zu begegnen. Rechtshändel folgen solchen Verhältnissen häufig auf dem Fuß. „Ich gebe nicht klein bei, bis mein ganzer Grundbeseitz höchstrichterlich umzäunt ist!" sagt einer, der in ständigem Zwist mit seinen Nachbarn liegt.

Viele Journalisten lieben diesen Menschenschlag; deshalb ist es fast unvermeidlich, daß solche Dinge in die

Zeitungen kommen. Da hüpft das Herz des Machtmenschen! Da bekommt er seine Aufmerksamkeit, sogar in der breiten öffentlichen Meinung! Denn ein Machtmensch „leidet an der Sucht nach Streitgesprächen und Wortgefechten. Daraus entspringen Neid, Zank, Verleumdung, böser Argwohn...“ (1. Tim. 6,4).

Mit Schuldgefühlen operieren

Das Schuldgefühl anderer ist die Lieblingswaffe der Machtmenschen. Da sie scharfe Beobachter sind, behalten sie ihre Opfer ständig im Auge, um Angriffspunkte in deren Moral oder Verhalten auszumachen. Sie umkreisen ihre Mitmenschen wie Aasgeier, um zu sehen, ob diese auch nur den kleinsten Fehler machen. Machtmenschen äußern selten völlig unhaltbare Beschuldigungen. Sie greifen tatsächliche Mißstände auf, dramatisieren und übertreiben aber dabei. Sie sind Experten darin, mittels der „reinen Wahrheit" unverschämt zu lügen.

Die meisten Christen haben ein sensibles Gewissen für Gut und Böse. Sie haben Angst, sie könnten eine Sünde begehen, Unrecht tun oder einen Fehler machen. Wenn sich ein durchbohrender Blick auf sie richtet und sie Sätze hören wie: „Das hast du falsch gemacht!", „Was hast du da schon wieder gesagt?", „Wie du dich wieder aufgeführt hast!" und dergleichen, versetzt das die meisten von ihnen in Angst und Schrecken. Christen sind oft auch zu einer Art von Demut erzogen worden, die es ihnen schwermacht, sich zu verteidigen. Wenn sie ständig diesen dramatischen Anklagen ausgesetzt sind oder wegen jeder Kleinigkeit zurechtgewiesen werden, werden sie dünnhäutig und zucken schon zusammen, wenn der Machtmensch die Stimmlage ein wenig erhöht. Am Ende befinden sie sich in einem Zustand krankhafter Schuldgefühle und fühlen sich körperlich, seelisch und geistlich schmutzig und minderwertig.

Wenn jemand unberechtigte Anklagen erhebt, sollten

wir uns fragen: Ist es nicht in Wirklichkeit umgekehrt? Was ein Machtmensch am anderen anklagt, ist sein eigenes Unrecht! Ein unberechtigter Verdacht ist fast immer ein Selbstporträt dessen, der ihn äußert! „Es ist, als wenn jemand mit dem Rücken zum Rathaus steht, nach vorne deutet und sagt: Da ist das Rathaus. Der Mensch hat recht; es liegt da — wenn er umkehrt" (Kierkegaard).

Viele kämen mit solchen Anklagen besser zurecht, wenn sie in der Glaubensunterweisung erfahren hätten, daß ein Christ das Recht hat, sich zu verteidigen. Jesus selbst hat es getan. „Wer von euch", fragte er die Pharisäer, „kann mir eine Sünde nachweisen?" (Joh. 8,46). Er stellte sich sogar zwischen eine Frau, die wirklich gesündigt hatte, und die Pharisäer — nicht, weil er die Sünde entschuldigte, sondern weil er die Frau beschützen wollte. Paulus hat sich oft verteidigt. Er wies böswillige Beschuldigungen zurück und legte kraftvoll Widerspruch ein. Es gibt zwar Situationen, in denen es klüger ist zu schweigen als zu reden; aber wenn man es mit Machtmenschen zu tun hat, ist das immer falsch. Sie nützen jedes Anzeichen von Vorsicht, Demut und Konfliktscheu für ihre Zwecke aus. Machtmenschen verachten rücksichtsvolle Menschen; aber es kann geschehen, daß es ihnen die Sprache verschlägt, wenn sie merken, daß sie mit ihren Attacken ins Leere laufen.

Das Schuldgefühl, das verwundbare Menschen nach der Kollision mit einem Machtmenschen herumschleppen, kann den krankhaften und selbstzerstörerischen Drang erzeugen, die Vergebung des Machtmenschen zu erlangen. Die Opfer können an den Punkt kommen, wo sie ihre Gebete gleichsam nicht mehr an Gott richten, sondern an den Menschen, der sie quält.

Ein entsprechendes Abhängigkeitsverhältnis entsteht oft zwischen einem Folterer und einem Gefolterten. Machtmenschen benutzen gegenüber schwachen Christen dieselben subtilen Methoden, die Folterer gegen diejenigen einsetzen, die sie mürbe machen wollen: Ab und zu lockern sie den Druck. Statt dessen zeigen sie sich von einer Seite, die an Zärtlichkeit und Liebe erinnert. Kurz danach beginnen die Vorwürfe und Anklagen erneut. In diesem Wechselbad entsteht die Sehnsucht nach Vergebung und nach einer Art positiver Zuwendung.

In diesem Prozeß haben viele Christen vergessen, was die Bibel über Sündenvergebung sagt. Der Heilige Geist ist es, der zeigt, was es mit Sünde, Recht und Gericht auf sich hat (Joh. 16,8). Zu leicht vergißt ein Mensch, der Opfer eines Machtmenschen geworden ist, daß es Gott ist, der vergibt und befreit. Bei ihm allein können wir „alles ablegen, was uns beschwert, auch die Sünde, die uns ständig umstrickt“ (Hebr. 12,1). Er allein schenkt Vergebung der Sünden. Er allein reinigt. Er allein spricht gerecht — und das allein aus Gnade.

Machtmenschen verkündigen jedoch nie die Gnade Gottes, selbst wenn sie sich noch so sehr auf die Bibel berufen. Sie sind Tag und Nacht damit beschäftigt, die moralische Vervollkommnung anderer voranzutreiben. Ihre Enthüllungen sind grausam; aber sie haben immer ein „gutes Gewissen“, während sie gnadenlos angreifen. „Die größte Freude des Moralisten besteht darin, daß er guten Gewissens grausam ist“, behauptete Bertrand Russel.

Lebensinhalt und Selbstbild des Machtmenschen sind in jener Karikatur eingefangen, in der solch ein Mensch todernst sagt: „Ich kann nicht verstehen, daß es Menschen so schwerfällt, ihre Sünde zu bekennen. Wenn ich eine Sünde begangen hätte, hätte ich sie sofort gebeichtet.“

Vernichtung des Selbstwertgefühls

Wenn machtkranke Menschen eifrig bemüht sind, fremde Fehler zu „entlarven", verfolgen sie damit mehrere Absichten. So wollen sie das Selbstwertgefühl ihrer Opfer untergraben. Das Ziel ist immer dasselbe: allen Widerstand zu brechen, damit sie selbst befehlen und herrschen können. Deshalb decken sie auch die kleinste Normabweichung unbarmherzig auf. Sie halten die Wunden offen und streuen Salz hinein. Sie machen sich fremde Minderwertigkeits- und Unsicherheitsgefühle zunutze.

Ich habe einmal miterlebt, wie eine Hausfrau dabei war, ein paar Kerzen auf dem Eßtisch anzustecken. Sie hielt das Streichholz in der einen Hand und die Schachtel in der anderen. Aber sie zitterte am ganzen Leib — als ob sie hohes Fieber hätte. Kurz danach beruhigte sie sich und sagte verlegen und mit einem kleinen, schiefen Lächeln: „Ich muß schnell zu meinem Mann ins Büro laufen und ihn fragen, ob er bei Tisch Kerzenlicht wünscht."

Er hatte sie an den Punkt gebracht, wo er sie haben wollte. Er hatte ihr so oft gesagt, daß sie alles falsch machte: beim Putzen und Kochen, bei ihrem Bemühen, es schön zu machen, bei ihrem Auftreten gegenüber Gästen, bei dem, was sie sagte oder nicht sagte. So war sie nicht mehr imstande, auch nur die kleinste Entscheidung selber zu treffen — und wenn es nur darum ging, ob zum Essen Kerzen auf dem Tisch stehen sollten oder nicht!

Eine andere Frau war seelisch nach und nach so verkümmert, daß sich das auch auf ihren Körper ausgewirkt hatte. Ihr Mann mußte ihr nur einen kleinen strengen

Blick zuwerfen — und sie brach buchstäblich zusammen. Es war offensichtlich, daß er jene Augenblicke genoß, in denen er sie vom Boden aufhob, um sie ins Bett zu tragen. Auf diese Weise konnte er ihr und ihrer gemeinsamen Umgebung demonstrieren, wie sehr sie von der Fürsorge ihres Mannes abhängig war.

Was ein Diktator mit einem ganzen Volk versucht, das wollen Machtmenschen an ihrem Arbeitsplatz, in ihrer Gemeinde und nicht zuletzt in ihrer Familie erreichen. Natürlich ist es für solch einen Machtmenschen besonders wichtig, seine Kinder unter Kontrolle zu haben und zu behalten. Deshalb ist es erstaunlich, wie viele Kinder und Jugendliche es dennoch schaffen, Widerstand zu leisten. Der Drang, sich von Eltern und anderen Autoritäten freizumachen, ist ja in den Jahren bis 20 ganz normal. Das ist in diesem Falle sehr hilfreich. Viele fliegen — wenn auch wie Vögel, denen man die Flügel gestutzt hat — auf und davon, weg von einem „Zuhause" voller Zank und Streit. Es gibt aber auch viele junge Menschen, die einen lebenslangen Schaden davontragen. Wenn sie nicht ausbrechen, kann es geschehen, daß sie zerbrechen.

Wir haben bisher vom Machtmenschen meist in der männlichen Form gesprochen. Tatsächlich handelt es sich meist um Männer. Aber es gibt auch Frauen, die nach demselben Muster Familien und Gemeinden beherrschen. Ich kenne Männer, die stark, gesund und harmonisch waren, als sie einen attraktiven und charmanten weiblichen Machtmenschen heirateten. Im Laufe weniger Jahren haben sich diese Männer in Wracks verwandelt. Sie mußten erleben, wie ihre Frau in der Nachbarschaft und im Bekanntenkreis über sie gelästert hat. Dadurch haben sie sich in einem Maß isoliert und erniedrigt gefühlt, bis sie zuletzt die Arbeit aufgeben mußten und schließlich voller Selbstanklagen und Schamgefühle daheimsaßen. Solche Männer kommen sich selbst und anderen wie Witzfiguren vor.

Bei manchen verläuft es auch anders. Sie übernehmen

das Verhalten ihrer machtkranken Frau in einer Weise, daß sie selbst wie Machtmenschen wirken. Es gibt kaum Männer, die von ihrer Frau buchstäblich verprügelt werden. Aber es gibt Männer, die von ihren Frauen in solche Verzweiflung getrieben werden, daß sie eines Tages ihre physische Überlegenheit ausnützen und zum Schlag gegen ihren Plagegeist ausholen. Wenn das einmal geschehen ist, besteht die Gefahr, daß sie für den Rest ihres Lebens völlig ausgeliefert sind. Denn von nun an kann ihre Frau mit allem drohen — sogar mit der Polizei. Sie kann blaue Flecken vorweisen, die manchmal nur daher rühren, daß der Mann sie festgehalten hat um zu verhindern, daß sie ihm das Gesicht zerkratzt.

An dieser Stelle möchte ich einige ganz persönliche Worte sagen: Ich schreibe dieses Buch mit großem Unbehagen. Gerade die soeben gegebene Beschreibung habe ich nur gegen großen inneren Widerstand zu Papier gebracht. Aber in christlichen Kreisen gibt es Menschen, die sich selbst für vollkommen unschuldig halten und deshalb meinen, sie könnten sich alles erlauben. Dabei leben sie in der Einflußsphäre der Sünde. Judas gehörte zum Jüngerkreis: Aber dadurch werden weder die Apostel noch Jesus kompromittiert. Judas war selbst verantwortlich dafür, daß die Geldgier Oberhand über seine Seele gewann. Ebenso ist der Machtmensch selbst verantwortlich dafür, wenn er oder sie sich dem ausliefert, was noch schlimmer ist als Habsucht: dem Machtrausch.

Kein Blick für fremde Bedürfnisse

In Markus 8,34-37 steht etwas, was besondere Aufmerksamkeit verdient: Jesus rief die Volksmenge und seine Jünger zu sich und sagte zu ihnen: „Wer mir nachfolgen will, muß sich selbst verleugnen, sein Kreuz auf sich nehmen und mir nachfolgen. Wer sein Leben erhalten will, wird es verlieren. Aber wer sein Leben um meinetwillen und um des Evangeliums willen verliert, wird es erhalten. Was hilft es einem Menschen, wenn er die ganze Welt gewinnt, aber seine Seele verliert? Oder was will ein Mensch als Lösegeld für seine Seele geben?"

Diese Botschaft ist so wichtig, weil sie ans innerste Geheimnis der Bekehrung rührt. Ein Mensch, der umkehrt, wendet sich nämlich von jener Einstellung ab, bei der er selbst im Mittelpunkt steht. Er wendet sich Christus zu, damit dieser das Zentrum seines Lebens wird. Wer auf diese Weise zum Glauben kommt und sich zum Herrn Jesus Christus bekehrt, wird von neuem geboren. Gott selbst handelt im Glauben, in der Taufe und in der Bekehrung. Aber das ist nicht alles. Normalerweise wird sich der neue Jünger für Jesus Christus und dessen Interessen in der Welt einsetzen. Das meint Jesus, wenn er die Seinen aufruft, das Leben um seinetwillen und um des Evangeliums willen zu verlieren.

Solch ein Gedankengang ist für den Machtmenschen nicht nachvollziehbar. Er kann ihn zwar theoretisch begreifen und mit Wärme und Leidenschaft über diesen Text reden; aber in Wirklichkeit liegen diese Worte so sehr im Widerstreit mit allem, was sein eigenes Innenleben bestimmt, daß sie niemals in die Tiefen solch eines Menschen vordringen können. Er versteht nicht, was es bedeutet, für Jesus zu leben — und er begreift nichts von dem, was andere Menschen brauchen.

Ich stand einst selbst sprachlos staunend vor einem Mann, der das Geld in teuren Restaurants vergeudete, während seine Familie am Rande des Existenzminimums lebte. Er bräuchte einen Ausgleich für all seine Leiden, behauptete er, als ich ihn zur Rede stellte. Sein eigener dicker Bauch mußte mit allen erdenklichen Leckerbissen gemästet werden, während seine abgemagerten Kinder nicht genug zu essen hatten. Ich glaube, er hat nicht einmal begriffen, daß das nicht recht war. In seinem Bewußtsein hatte nur er selbst Platz. Alle anderen Menschen — einschließlich seiner Frau und seiner Kinder — existierten nur irgendwo im Schatten am Rande seines Horizonts.

Ähnliches gilt für das Sexualleben vieler Machtmenschen. „Wie kannst du fordern, daß ich mich mit meiner eigenen Frau begnügen soll?“ fragte mich ein solcher Mensch. Es war offensichtlich, daß die Forderung, treu zu sein, für ihn eine unerfüllbare Zumutung war, wo er doch angeblich übermächtige sexuelle Bedürfnisse hatte. Wie es seiner Frau dabei ging oder welche Bedürfnisse sie hatte, daran dachte er nicht einmal. Sie kam in seinem Leben nur als diejenige vor, die er ausnützen und herumkommandieren konnte. Statt dessen beklagte er sich darüber, wie wenig sie ihm auf allen Gebieten zu bieten hätte und wie sehr er deshalb leiden müßte. Genau das steht im Judasbrief, Vers 16: „Sie sind Nörgler und immer unzufrieden mit ihrem Geschick. Dabei lassen sie sich von ihren Begierden leiten.“

Man kann sich leicht vorstellen, was geschieht, wenn sich solch ein Mensch in einer Gemeinde oder christlichen Gemeinschaft in Leitungsfunktionen hocharbeitet. Dort treten solche Leute dann als Hirten auf, „die nur sich selbst weiden“ (Judas 12). Die Bedürfnisse der Gemeinde haben sie nicht im Blick. Daß Menschen Hilfe, Trost und Ermutigung brauchen, begreifen sie nicht. Sie benutzen statt dessen das christliche Umfeld dazu, ihre eigene Sucht nach Macht zu befriedigen. Sie verschaffen sich Anhänger, die ihnen dienen, für sie einstehen und sie geradezu anbeten. Ganz bewußt machen sie sich Feinde, um ein Chaos in Gang zu halten, das ihnen alle Aufmerksamkeit garantiert, damit ihre Eitelkeit befriedigt wird. Judas schreibt: „Sie werden die Einheit zerstören, denn es sind irdisch gesinnte Menschen, die den Geist nicht besitzen“ (Vers 19).

Eine Gemeinde oder Gemeinschaft, die von solch einem „Hirten“ geleitet wird, bekommt keine geistliche Förderung, Nahrung oder Wegweisung. Wenn aber jemand eingreifen will, um einen wirklichen Hirtendienst zu leisten, wird er an der Arbeit gehindert, da der Machtmensch Angst davor hat, plötzlich im Schatten zu stehen.

In Geldangelegenheiten sind Machtmenschen lebensgefährlich für Gemeinden und Kirchen. Sie können auf die Idee kommen, irrsinnige Projekte in Angriff zu nehmen, um sich selbst ein Denkmal zu setzen. Das Resultat können ein aufwendiges Kirchengebäude, eine überdimensionale Orgel oder teure Kunstwerke sein, für die die Gemeinde eigentlich keinen Bedarf hat. Machtmenschen denken nie an die Konsequenzen. Sie haben nie etwas anderes im Blick als ihren eigenen Größenwahn. Sie sehen nicht, welches Kirchengebäude, welche Orgel oder welche Raumgestaltung zur Kassenlage der Gemeinde passen. Aber sie sind oft große Redner und Debattierer. Vor allem sind sie Taktiker. Sie nehmen sich viel Zeit, um ihren Auftritt vorzubereiten. Deshalb gehen sie oft als Sieger aus Vorstandssitzungen oder Gemeindeversammlungen hervor.

Der Verräter Judas hat eine Menge Sympathie auf seiner Seite. Vielen Menschen tut er leid. Es wird zum Beispiel behauptet, daß er über Jesu Mangel an politischem Engagement enttäuscht gewesen sei. Aber die Bibel stellt es anders dar. Es waren die 30 Silberlinge, die Judas anzogen und verführten. Er hatte seine Geldgier jahrelang gepflegt. Er hatte sogar die gemeinsame Kasse beraubt. Er hatte seine Seele Mammon, dem Geldgott, verschrieben. Am Ende strich er Jesus und die anderen Jünger aus seinem Bewußtsein, so daß er nur noch sich selbst, seine finanziellen Wünsche und das sah, was man für Geld kaufen konnte.

Aber Judas war kein Machtmensch von dem Schlag, den wir hier beschreiben. Er bereute seine Tat und geriet in eine solch tiefe Krise, daß er sich schließlich das Leben nahm. Ein Machtmensch bereut nichts. Er erlebt auch keine Krisen wie andere Menschen. Er ist allerdings in dem Sinne ein „Judas", daß auch ihm das Geld dienen und Mittel zu seinen Zwecken sein muß. Deshalb ist ein Machtmensch für eine Gemeinde und ihre Finanzen lebensgefährlich.

Das Leben dieser Machtmenschen ist das genaue Gegenteil von dem, was Jesus sagt, wenn er davon spricht, das Leben um seinetwillen und um des Evangeliums willen zu verlieren. Machtmenschen setzen alles ein, um „ihr Leben zu erhalten". Deshalb stehen sie in der Gefahr, es zu „verlieren". Sie kämpfen ununterbrochen dafür, „die ganze Welt zu gewinnen" – so weit das möglich ist. Deshalb kann es leicht geschehen, daß sie „Schaden nehmen an ihrer Seele".

Immer gelangweilt

Die „Früchte des Geistes“, wie sie im fünften Kapitel des Galaterbriefes aufgezählt werden, sind „Liebe, Freude, Friede, Geduld, Freundlichkeit, Treue, Gewaltlosigkeit und Selbstbeherrschung“. Paulus skizziert ferner einen Idealzustand, der von einer gewissen „Ruhe“ geprägt ist. An die Gemeinde in Thessaloniki schreibt er: „Bemüht euch darum, ein ruhiges Leben zu führen.“ (1. Thess. 4,11) In Psalm 131 wird ein anrührendes Bild von einem kleinen Kind gezeichnet, das still und zufrieden in den Armen seiner Mutter liegt. Die Ruhe und Zufriedenheit des Babys benutzt der Psalmist als Bild für seinen eigenen Seelenzustand: „Herr, mein Herz ist nicht hochmütig, meine Augen blicken nicht stolz. Ich beschäftige mich nicht mit Dingen, die mir zu wunderbar und zu hoch sind. Ich ließ meine Seele still und ganz ruhig werden. Wie ein gestilltes Kind bei der Mutter ist meine Seele still in mir.“ Jesus selbst sagt in seiner Abschiedsrede zu seinen Jüngern: „Frieden hinterlasse ich euch; meinen Frieden gebe ich euch — nicht den Frieden, den die Welt gibt.“ (Joh. 14,27) Am schönsten drücken es vielleicht die Worte in Philipper 4,7 aus. Hier wird uns versprochen, daß „Gottes Friede, der alle Vernunft übersteigt, unsere Herzen und Gedanken in Christus Jesus bewahren“ wird.

Diese Einstellung und Grundstimmung stehen im Gegensatz zu allem, was die Haltung der Machtmenschen bestimmt. Sie sind „wie das aufgewühlte Meer, das nie zur Ruhe kommen kann und dessen Wasser Schmutz und

Schlamm aufwühlt“ (Jes. 57,20). Ursache dafür ist unter anderem, daß sie sich fürchterlich langweilen, sobald es um sie her still und harmonisch zugeht. Eine Morgenstimmung bei Sonnenaufgang erscheint einem Machtmenschen todlangweilig, eine Abendstimmung ebenso. Friedliche Ferien sind ein Graus. „Ich kann doch nicht einfach in der Sonne liegen und mich von einer Seite auf die andere drehen, ohne daß etwas geschieht“, fuhr ein solcher Mann seine Frau völlig irritiert an, als sie es wagte, einen geruhsamen Urlaub vorzuschlagen.

Machtmenschen ertragen auch keine Mitmenschen, die zufrieden und harmonisch sind. Sie nennen sie grau, trübsinnig und trocken. Wenn es sich nicht umgehen läßt, solchen Menschen zu begegnen, werden sie sofort damit beginnen, die Zufriedenheit und innere Ruhe ihres Gegenübers madig zu machen. Was ihnen näher liegt, sind „Unzucht, Unmoral, Ausschweifungen, Götzendienst, Zauberei, Feindschaften, Streit, Eifersucht, Jähzorn, Eigennutz, Spaltungen, Parteiungen, Neid, Mißgunst, Trink- und Eßgelage und ähnliches“ (Gal. 5,19-21). So jedenfalls beschrieb Paulus seinerzeit das Gegenteil der „Frucht des Geistes“.

Möglicherweise befinden sich solche Menschen in einem „Zustand drohender Unter-Stimulierung“ (Sirnes). Ich bin mir aber nicht sicher, ob das ein angeborener psychischer Defekt sein muß. Eher glaube ich, daß diese Menschen ihre Fähigkeit zu Behutsamkeit, Empfindsamkeit und Zärtlichkeit systematisch unterdrückt haben. Sie haben die Voraussetzungen dafür zerstört, jenes ruhige Leben zu führen, das Paulus empfiehlt.

Wenn solch ein Mensch in die Gemeinde oder einen christlichen Kreis gerät, greift er selbstverständlich all das nicht direkt an, was die Bibel „Früchte des Geistes“ nennt. Kein Machtmensch ist so einfältig, herabsetzend über Liebe, Freude oder den Frieden des Geistes zu reden. Er wird vielmehr sofort das angreifen, was er „Leblosigkeit“ und „totes Christentum“ nennt. Seine Stoßrichtung geht gegen alles, was er „Lauheit“ und „Schlaffheit“ tituliert. Im Zuge seiner Attacken zerstört er die Atmosphäre, aus der die Früchte des Geistes erwachsen. Der eine verkündigt nicht die rechte Lehre und ist gut für einen Schlag unter die Gürtellinie. Der andere ist zu schlapp und gleichgültig und bekommt eine moralische Ohrfeige verpaßt. Dem dritten fehlt es an Tatkraft. Er braucht einen gezielten Tritt, um auf die Beine zu kommen. Daß die Angegriffenen weder träge, trocken noch schlaff sind, sondern liebevoll, ruhig und demütig, bemerkt der Machtmensch nicht. Wenn er es sieht, wird er es leugnen. Das entscheidende ist, daß er sich langweilt und eine Gemeinde ermüdend findet, in der die Früchte des Geistes in aller Ruhe heranreifen. Weil aber sein Kampf gegen die wirklichen Werte heimlich und hinterrücks geführt wird, ist es nicht leicht, seine Taktik zu durchschauen.

Man muß zugeben, daß ein Machtmensch tatsächlich Bewegung in eine Gemeinde bringen kann, indem er Lebendigkeit, Risikobereitschaft, Tatkraft und Effektivität fordert und fördert. Daß ein paar Leute im Eifer des Gefechts niedergetrampelt werden, fällt in der Begeisterung über den „Aufbruch“ nicht weiter auf. Auf diese Weise erreicht der Machtmensch dreierlei, was ganz auf der Linie seiner Zielsetzung liegt: Er steht im Mittelpunkt der Bewunderung und Achtung, er gewinnt mehr Macht, und er langweilt sich nicht mehr so furchtbar in der Gemeinde, Gruppe oder Gemeinschaft.

Ungereimte Erwartungen

Gesunde Christen wissen, daß sie aus Gnade erlöst sind. Sie wissen auch, daß Gott sie liebt, selbst wenn sie keine Helden sind und immer wieder sündigen. Das Gegenteil der Sünde ist nicht moralische Stärke, sondern Glaube. Gottes Vergebung und Barmherzigkeit begegnen seinen Kindern immer wieder aufs neue. Ohne die Gewißheit, daß Gottes Gnade „jeden Morgen neu" ist (Klagelieder 3,22-23), könnte niemand ein christliches Leben führen.

Aber wir können auch die andere Tatsache nicht übergehen, daß Gott an seine Kinder gewisse Erwartungen hat. Gebote und Regeln finden sich nicht nur im Gesetz des Mose, sondern auch im Neuen Testament. Jesus Christus ist unser Vorbild und Beispiel, wie er selbst gesagt hat (Joh. 13,15). Auch der Apostel Paulus schreibt: „Seid gesinnt wie Jesus Christus es war" (Phil. 2,5). „Der Beweis dafür, daß wir etwas verstanden haben, besteht darin — o heilige Einfalt! —, daß wir es tun", seufzte Kierkegaard.

All diese Erwartungen kommen oft in Predigten und in seelsorgerlichen Gesprächen zur Sprache. Auch ihre jeweilige Umwelt stellt an Christen besondere Ansprüche, und die allermeisten strengen sich sehr an, um diesen Erwartungen gerecht zu werden. Sie wollen Gott eine Freude machen und ihn ehren, und sie wollen ihren Pfarrer oder ihre christlichen Freunde nicht enttäuschen. Das Schöne dabei ist, daß ihnen Gott und Menschen vergeben werden, wenn sie einen Fehler machen, und daß sie immer wieder die Chance zum Neuanfang bekommen. So jedenfalls verhält es sich, wenn alles seinen normalen und „schriftgemäßen“ Gang geht.

Wenn aber der Machtmensch auf der Bildfläche erscheint, verändert sich die Lage von Grund auf. Er oder sie hat nämlich immer völlig maßlose und unberechtigte Erwartungen. Machtmenschen fordern von ihren Opfern, daß sie ständig alles daransetzen, solche Forderungen zu erfüllen. Wenn man sie an einem Punkt erfüllt hat, stellt sich heraus, daß der Machtmensch eigentlich etwas ganz anderes gewollt hat; dann folgt etwas drittes etc. Wenn ihrer Umgebung dabei die Luft ausgeht, wird sie mit Schuldgefühlen überzogen.

Hat der Machtmensch eine Schar von Anhängern gewonnen und kommt es dann zum Streit, fordert er von seinen „Freunden“ im Kampf gegen die verhaßten Gegner ganzen Einsatz. Viele Menschen haben später — nachdem sie einmal den Klauen eines Machtmenschen entronnen waren — bitter bereut, was sie damals gesagt und getan haben. Aber im Eifer des Gefechts sind sie so manipuliert und aufgehetzt, daß sie kaum noch wissen, was sie tun. Es geht nur noch darum, ihren Führer in Schutz zu nehmen und seine Sache voranzubringen. Sie stehen unter ständigem Erwartungsdruck. Das Telephon klingelt, Briefe kommen, Gespräche werden anberaumt. Alles läuft darauf hinaus, daß die Anhänger immer größere Opfer bringen müssen, um immer maßlosere und unsinnigere Forderungen zu erfüllen.

Lebendiges Christentum ist etwas völlig anderes. Gott erwartet wohl von uns, daß wir seine Gebote halten und dem Herrn Jesus Christus nachfolgen. Und gewiß ist es richtig, daß wir mitunter scheitern, weil wir dieses Ziel aus den Augen verloren haben. Entscheidend aber ist etwas anderes: Jesus Christus allein ist absolut vollkommen. „Er ist heilig, gut und rein“ (Hebr. 7,26). Er ist vollkommen, und er ist „derselbe, gestern, heute und in Ewigkeit“ (Hebr. 13,8). Inmitten unserer Unvollkommenheit und Sünde können wir uns dennoch über die Größe Jesu

Christi freuen. Er allein stellt Gottes Erwartungen voll und ganz zufrieden. Deshalb rief der Vater vom Himmel dem Volk am Jordan und den Jüngern auf dem Berg der Verklärung zu: „Dies ist mein geliebter Sohn, an dem ich Wohlgefallen habe“ (Matth. 3,17 und 17,5).

Ich fasse zusammen: Gott hat Erwartungen an uns. Wir bemühen uns, ihnen nachzukommen. Aber wenn wir scheitern, wird uns vergeben. Deswegen können wir uns immer „im Herrn freuen“ (Phil. 4,4), weil er immer gleich vollkommen ist.

Wenn sich aber der Machtmensch an Gottes Platz stellt und Forderungen stellt, die nur Gott selbst stellen kann, wenn er oder sie zudem die Erwartungen maßlos in die Höhe treibt, ohne zugleich Vergebung anzubieten, und auf diese Weise Schuldgefühle produziert, kommen seine oder ihre Anhänger in eine Lage, in der der stärkste Mensch zerbrechen kann. Die Befreiung vom Druck solcher Forderungen ist eine Voraussetzung dafür, daß die Opfer solcher Menschen wieder frei atmen können.

Das Erfolgsrezept

Wieso werden solche Leute so selten entlarvt, bevor das Elend derart zum Himmel schreit, daß es für alle offenbar ist, die sehen können? Wie schafft es der Machtmensch, seine Mitmenschen derart an der Nase herumzuführen? Denn das tut er!

Es gibt eine Reihe von Ursachen. Als Seelsorger glaube ich Grund zur Annahme zu haben, daß solche Leute mit dem Schutz böser Mächte rechnen können. Ich bin freilich nicht der Meinung, daß es richtig oder klug wäre, in diesem Zusammenhang von dämonischer Besessenheit zu reden. Allerdings ist tatsächlich nicht in allen Fällen auszuschließen, daß sich solch ein Mensch okkulten Mächten geöffnet hat. Solche Mächte können dann die Steuerung seines Lebens übernehmen. Aber normalerweise ist davon auszugehen, daß die Sünde die Erklärung für das Benehmen solcher Leute ist. Andererseits ist es klar, daß der Satan sieht, was für ausgezeichnete Werkzeuge solche Menschen sein können. Sie operieren auf seinem Heimfeld. Er ist ja ein „Dieb, der nur gekommen ist, um zu stehlen, zu morden und zu verderben" (Joh. 10,10). Deshalb ist er gerne ihr Helfer und Beschützer. So wie seine eigene Methode vor allem die Verstellung und Tarnung ist, lehrt er diese Menschen so aufzutreten, daß sich ihre taktischen Züge der Einsicht von außen entziehen. Die Bibel sagt, daß sich der Satan „als Engel des Lichts verkleidet" (2. Kor. 11,14). Ein Machtmensch kann sich unter Umständen ähnlich kostümieren.

Wir sollten daran denken, daß Machtmenschen in der

Regel intelligent sind. Zugleich haben sie oft ein sehr gewinnendes Wesen. Sie wirken nicht unsicher. Sie stehen zwar unter einem inneren Zwang; aber das verbergen sie geschickt. Ihr Auftreten ist häufig kultiviert und vertrauenerweckend. Viele sind Frauen gegenüber wahre Kavaliere. Außerdem sind sie schlau und taktisch versiert.

Das kann dann so vor sich gehen (ich habe einen Handlungsablauf gewählt, der nicht wiedererkannt werden kann): Endlich hat man einen Ehemann, der ein Machtmensch ist, bewegt, sich zusammen mit seiner Frau mit anderen zu treffen, die mit ihnen ein klärendes Gespräch über „all das" führen wollen. Der Machtmensch kommt mit einem charmanten Lächeln ins Zimmer und beginnt augenblicklich, seine geliebte Frau zu verteidigen. Keiner solle ihr etwas nachsagen. Er für seinen Teil sei bereit, alles für sie zu tun. Dabei legt er den Arm beschützend um ihre zitternde Schulter, und sie kuschelt sich an ihn. In diesem Augenblick weiß sie, daß sie ohne ihn keine Sekunde zurechtkommen würde. Sie beginnt zu weinen — aber so leise, daß keiner dieser Tatsache besondere Beachtung schenkt. Sie ist so ausgelaugt und leer, daß sie nichts mehr sagen kann. Die „verständnisvollen" Mitmenschen um sie herum beginnen eine Diskussion darüber, wie man ihr helfen kann. Sie haben jetzt alle vollstes Zutrauen zu dem Mann. Er ist ja so klug und ausgeglichen und fürsorglich! Schließlich geht er, seine Frau an sich gebunden wie eine Schlingpflanze.

Kurz danach läßt er seinen Gefühlen freien Lauf. Er sagt nichts. Aber er schnaubt vor Wut. Zu Hause kann sich die Frau nicht mehr auf den Füßen halten. Er trägt sie zu Bett, verläßt das Haus und wirft die Tür krachend zu. Während sie sich unter der Bettdecke krümmt, muß sie an all die Fehler denken, die sie ihm gegenüber begangen hat. Sie ist schuld daran, daß diese Menschen ihn zur Rede gestellt haben. Schrecklich! Gott wird ihr niemals vergeben können. Sie weiß, daß sie alles verdient hat, wenn er nach Hause kommt und Rache nimmt.

Etwas Ähnliches läuft ab, wenn Machtmenschen in einer Gemeinde oder einem christlichen Umfeld auftreten. Auch da finden sie zunächst Sympathie und verbreiten einen Duft von Freundlichkeit und Charme. Sie erwecken den Eindruck, als könnten und wüßten sie alles und als hätten sie alle Eigenschaften, die man von einem guten Leiter erwartet. Wenn sie ihre Angriffe beginnen, um sich zur erwünschten Machtposition hochzuarbeiten, geschieht dies zunächst äußerst vorsichtig. Sie lassen ab und zu einfließen, daß dieses und jenes anders sein müßte und daß diese oder jene Person das eine oder andere etwas geschickter anpacken könnte. Außerdem könne man ja, was die Lehre betrifft, ein paar Ansichten haben, die von denen des Pastors abweichen.

Solche Leute schmeicheln sich sogar ein, wenn das ihren Absichten dient. Menschen, die bisher im Schatten der Leitungsgestalten gestanden haben und meinen, nicht jenen Platz zu haben, der ihnen eigentlich zusteht, freuen sich natürlich über so viel Verständnis: „Ich finde, du hast Talente und Gaben, die in dieser Gemeinde ruhig ein bißchen mehr zum Zug kommen könnten." Solche Worte verfehlen ihre Wirkung selten. Sie stellen Verbindungen her, die wie Freundschaft aussehen; aber in Wirklichkeit schaffen sie die Voraussetzungen für Abhängigkeit. Im Judasbrief (16) heißt es, solche Leute „machen große Worte; um ihres Vorteils willen schmeicheln sie den Leuten".

Prahlerei, Schmeichelei und große Worte gehören zur Methode des Machtmenschen. Hitler verzauberte das deutsche Volk mit seinem Gerede, wie überlegen die germanische Rasse sei und daß er dazu berufen sei, diese Rasse zu Herrlichkeit und Macht zu führen. In den letzten Tagen des zweiten Weltkrieges redete ich mit jungen deutschen Soldaten, die noch immer fanatische Anhänger dieses Mannes waren. Noch im Augenblick der Kapitulation waren sie bereit, für den Führer zu sterben. „Wenn Hitler nicht mehr an der Macht ist und andere die Führung bei uns übernehmen, jage ich mir eine Kugel in den Kopf", sagte ein junger Offizier zu mir. Zu diesem Zeitpunkt war der Diktator schon tot und der Krieg verloren!

Adolf Hitler meinte, er hätte das Recht, Millionen hinzumorden und die gesamte Menschheit in den Abgrund zu stürzen, um seine Eitelkeit und seine Machtsucht zu befriedigen. Im kleinen — in Familien, an Arbeitsplätzen und in christlichen Gemeinden — ja, auch dort! — kann sich ganz genau dasselbe ereignen.

Machtmenschen führen Menschen in die Irre, weil sie selbst „Lügner und Heuchler" sind (1. Tim. 4,2). In scharfem Kontrast dazu berichten die Apostel, nach welchen Kriterien Jesus Leiterfiguren auswählte: „Ihr und Gott seid Zeugen, wie heilig und gerecht und untadelig wir euch Gläubigen gegenüber gewesen sind." (1. Thess. 2,10) „Die Wahrheit bleibt in uns und wird ewig bei uns sein", heißt es im 2. Johannesbrief (Vers 2). Die Wahrheit, von der hier die Rede ist, ist Jesus Christus selbst. Er hat sich ja selbst die „Wahrheit" genannt (Joh. 14,6). Wer aber mit Schmeicheleien ein taktisches und betrügerisches Spiel betreibt, um seiner eigenen Sache zu dienen, kann kein Diener Jesu Christi sein.

Hierarchische Systeme

Das Thema Unterordnung ist in der Kirche schon immer heiß umstritten gewesen. Bibelstellen werden diskutiert, und die Ansichten gehen weit auseinander. Einige Kirchen verfechten eine hierarchische Ordnung (wie eine Pyramide). Die katholische Kirche geht an diesem Punkt am weitesten. Ganz oben steht der Papst. Unter ihm stehen die Kardinäle und Bischöfe, und dann geht es die Stufen immer weiter abwärts bis zu den „Laien". Unterordnung wird als selbstverständlich vorausgesetzt. Dieses System fordert einem einen gewissen Respekt ab. Die Macht wird bis hinunter zum Dorfpriester delegiert, der mit Hochachtung behandelt wird („Hochwürden"), nicht selten sogar von den Gegnern der Kirche.

Das andere Extrem ist die demokratisch verfaßte Gemeinde. Hier ist die Jahreshauptversammlung die entscheidende Instanz. Die Leiter bleiben nur so lange auf ihrem Posten, bis die Mitglieder der Kirche sie abwählen. Wer in solchen Gemeinden Autorität hat, hat sie — theoretisch — aufgrund seiner Gnadengaben und Befähigungen. Die Pastoren und Pastorinnen haben nur aufgrund ihrer Kenntnisse eine besondere Position und weil sie mehr Zeit und oft auch mehr Erfahrung haben — oder ganz einfach deshalb, weil sie für diesen Beruf bezahlt werden. Im Neuen Testament finden sich Spuren beider Kirchenordnungen.

Was das Verhältnis von Mann und Frau betrifft, hat es ebenfalls heftige Debatten gegeben. Die Fragen um die Frauenordination und um die Stellung der Frau in der

Familie sind noch immer nicht in allen christlichen Kreisen ausdiskutiert.

In solch einem Streit ist es für den Machtmenschen einfach, Stellung zu beziehen. Er oder sie vertritt eine Position nämlich nicht, nachdem mit Hilfe von Bibel und Gebet nach Klarheit gesucht wurde. Der Machtmensch ergreift von vornherein Partei für die extremste denkbare Form von Unterordnung. Das betrifft das Verhältnis zwischen Eltern und Kindern, zwischen Mann und Frau ebenso wie die Ordnung der Kirche, der Gemeinde oder der christlichen Gruppe. Es ist einfach, geeignete Bibelstellen zu finden. Dann gilt es nur noch, die Passagen auszusuchen, die im Machtkampf am schlagkräftigsten sind. Die Deutung und Auslegung dieser Stellen ist auch nicht schwer: Man greift zu jener Auslegung, die die Forderung nach extremster Unterordnung stützt.

Mit dieser Haltung agiert der Machtmensch in der Gemeinde. Jetzt wird das Wort der Schrift buchstäblich, streng und gnadenlos zitiert. Zu Hause nimmt der (männliche) Machtmensch die Bibel zur Hand — am besten eine gewaltige, dickleibige Ausgabe — und liest jene Abschnitte vor, die verkünden, daß Frau und Kinder verpflichtet sind, ihm in allem absolut gehorsam zu sein.

Paulus selbst beschreibt solch eine Situation im Galaterbrief. Die Umstände in jenen Gemeinden waren zwar anders als bei uns, aber die Machtmenschen waren offensichtlich aus demselben Holz geschnitzt. Paulus spricht davon, daß sich „falsche Brüder eingedrängt und eingeschlichen hatten, um die Freiheit auszukundschaften, die wir in Christus Jesus haben und uns zu Sklaven zu machen" (Gal. 2,4).

Diese „Brüder" waren keine Menschen, die ehrlich und unter Gebet um Gottes Wegweisung zu einem anderen Verständnis des Evangeliums gekommen waren als Paulus und die Apostel. Es handelte sich nicht um aufrichtige und wahrhaftige Vertreter einer anderen Meinung. Es waren falsche Brüder. Sie hatten sich eingeschlichen, um die

Freiheit „auszuspionieren“, die die Gläubigen in Christus hatten. Die eigentliche Absicht dieser Leute bestand darin, die Gemeinde erneut zu versklaven. Das aber ist bis heute ein treffendes Wort für das, was ein Machtmensch zu Hause und in der Gemeinde vorhat.

In den eigenen vier Wänden können sie ihre Forderungen nach Unterordnung meist wesentlich direkter stellen, da es oft sehr leicht ist, eine Familie zu knechten. In der Gemeinde dagegen müssen sie vorsichtiger vorgehen. Aber auch hier haben sie manchmal leichtes Spiel. Viele Menschen unterwerfen sich nämlich nur allzu gerne. Das nimmt ihnen die Last der Eigenverantwortung! Der Führer denkt, der Führer lenkt, der Führer spricht; wir folgen! Man muß nur noch willenlos mitlaufen. Man drückt den Anhängern eine Fahne in die Hand, und sie müssen nur noch marschieren. Manche Leute fühlen sich in solch einer Situation geradezu glücklich und „frei“! Man kann erleben, daß unterdrückte Frauen oder gegängelte Gemeindeglieder masochistisch schwärmen, wie glücklich sie sind. Manche genießen es in gewisser Weise, wenn sie beschimpft und bestraft werden. Ihre Stimmen zittern vor Ehrfurcht und Bewunderung für den Führer.

Der Machtmensch sondert die Schar seiner Unterworfenen und seine willenlos gemachten Familienmitglieder von den übrigen Menschen ab und schickt sie in den Kampf. Manche von ihnen argumentieren fortan mit genau den Worten, die sie vom Führer gelernt haben. Viele sind einfach stumme Mitläufer, die aber ihre Stimme „für die richtigen Leute“ abgeben, wenn Gemeindewahlen stattfinden oder in der Familie Probleme besprochen werden. Jesus sagt dazu: „Es werden viele falsche Propheten aufstehen und viele in die Irre führen“ (Matth. 24,11).

Es kann zu grotesken Situationen kommen, wenn Menschen endlich begreifen, daß sie verführt und versklavt worden sind. Eine Jugendgruppe hatte jahrelang unter der Leitung eines Machtmenschen gestanden. Sie hatten wie eine Großfamilie zusammengelebt. Plötzlich ging ihnen auf, was sich da abgespielt hatte. Sie waren von einem Machtmenschen ausgenutzt worden, der ihre Unterwerfung und ihren Gehorsam gebraucht hatte. Die mutigsten standen auf und gaben ihren Beschluß bekannt, den Kontakt mit dieser „Großfamilie“ abzubrechen. Der Führer begann sofort, „prophetisch zu reden“ — der Inhalt war eine Botschaft, die mit Floskeln wie: „So spricht der Herr, der Allmächtige“ gespickt war. Ihr Inhalt lief letztlich darauf hinaus, daß sie im Begriffe waren, von Gott abzufallen und daß sie am Ende in der Hölle landen würden. Ihre einzige Rettung sei es, ihren Beschluß zurückzunehmen und sich dem Diener des Herrn unterzuordnen, den Gott angeblich als ihr „Oberhaupt“ und ihren Leiter eingesetzt hatte.

Es kann ein sehr schmerzvoller Prozeß sein, sich von einem solchen Menschen zu lösen. Wer es sich im Laufe der Zeit abgewöhnt hat, selbst zu denken, eigene Urteile zu fällen, eigene Entscheidungen zu treffen und die Verantwortung für sein Leben in die eigene Hand zu nehmen, wird von dem Gefühl beherrscht, daß die Welt ein äußerst unsicherer Aufenthaltsort ist. Eine Ablösung von dieser Lebenshaltung ist eine gewaltige innere Umwälzung. Kampf und Leid, Schlaflosigkeit und sogar Krankheit können die folgende Übergangsperiode begleiten. Es kann sogar geschehen, daß man die bisher gewohnten Vorwürfe, Beschimpfungen und Strafen regelrecht „vermißt“. Der Machtmensch war es ja, der lobte und strafte. Er war es auch, der Vergebung zusprechen konnte.

Es kann für solch versklavte und gebrochene Menschen unter Umständen auch eine ganze Zeit dauern, bis sie wieder fähig sind, Gott als Vater und Jesus Christus als Erlöser und Herrn anzunehmen — weil sie erlebt haben, wie sehr Herrschaft mißbraucht werden kann. Hier bedarf es unter Umständen eines langen inneren Heilungsprozesses. Solch ein unterdrückter Mensch ist in besonderem Maße darauf angewiesen, Annahme, Zuwendung und vor allem Freiheit zu erfahren.

Willkommen in christlichen Kreisen

Es scheint, als ob christliche Gemeinden und Umfelder zu den Bereichen gehören, wo diese Menschen ihre Macht am leichtesten ausüben können. Man muß natürlich fragen, weshalb das so ist. Schon Paulus wunderte sich über diese Tatsache. An die Korinther schrieb er ja, wie bereits erwähnt: „Ihr nehmt es hin, wenn euch jemand versklavt..." (2. Kor. 11,20).

Eine der einleuchtendsten Erklärungen ist wohl, daß der Machtmensch in dieser Umgebung den Anspruch auf Liebe, Demut, Geduld und Toleranz erheben kann. Eine Gemeinde kann jahrelang über diese schönen Früchte des Geistes belehrt worden sein. Prediger und Pfarrer haben ihnen eingeschärft, daß Liebe, Geduld und Verständnis keine Grenzen haben. Aber sie haben diese Lehre nicht näher entfaltet; sie haben nicht erkärt, daß man im Namen der Liebe und Toleranz schändlich ausgenützt werden kann.

Wenn Machtmenschen mit ihrem verheerenden Treiben beginnen und jemand fragt, ob das Auftreten dieser Leute in Ordnung ist, werden diese sofort mit ihren Forderungen nach Liebe und Verständnis kommen. Machtmenschen können sogar um Vergebung bitten. Aber das ist nie etwas anderes als ein Schauspiel. Sie können sich dem Widerstand beugen — aber nur aus taktischen Gründen und für kurze Zeit. Während sie sich rücksichtslos durchzusetzen versuchen, stoßen sie auf eine weiche Wolke der Liebe und auf bescheidene Menschen, die zu Wärme, Güte und Barmherzigkeit erzogen worden sind. Das ist einer der Gründe, warum es die Machtmenschen oft so leicht haben.

Eine andere Ursache ist die Tatsache, daß sich Christen viel zu sehr daran gewöhnt haben, eine Art Kirchenpublikum zu sein. In dieser Umwelt herrscht eine Einbahnkommunikation. Sie geht einseitig vom Podium, vom Altar bzw. Abendmahlstisch und vor allem von der Kanzel aus. Die meisten akzeptieren ohne Widerrede, was der Prediger sagt. Natürlich kommt es manchmal zu Diskussionen und Bewertungen; aber es ist doch eine sehr begrenzte Gruppe von Menschen, die sich daran beteiligt. Die allermeisten verstehen sich als Herde, die dem Hirten folgt — und damit meinen sie nicht Jesus, sondern den Pfarrer, Pastor oder Vorsteher. Die Kinder Gottes sind weitgehend unglaublich leichtgläubig. Sie sehen die schönen und aufbauenden Worte der Bibel, und sie hören von der Kanzel die gute Nachricht von der Liebe — aber sie rechnen nicht damit, daß es falsche Apostel und betrügerische Propheten gibt. Die meisten wurden so erzogen, daß sie nicht begreifen können, daß einige „Christus verkündigen, um sich selbst zu weiden und nicht mit ehrlichen Motiven" (Phil.1,17).

Viele von uns haben jahrelang die Bibel so gelesen, daß wir uns an die guten und aufbauenden Worte gehalten und die negativen weniger beachtet haben. Es legt sich gleichsam ein Schleier vor unsere Augen, wenn wir auf Abschnitte stoßen, in denen falsche, betrügerische und lügnerische Menschen geschildert werden. Tritt ein Machtmensch in der Gemeinde auf, muß in der Regel erst sehr viel geschehen, bis ihn die Leute so sehen, wie er wirklich ist: „Ja, er ist schon etwas anders. Er drückt sich etwas unglücklich aus. Von ihm geht eine gewisse Unruhe aus; aber er hat doch auch große Qualitäten! Man muß nur seine brennenden und leidenschaftlichen Gebete hören — und wie er die Bibel auslegt! Wir müssen ein bißchen Geduld mit ihm haben, dann wird alles gut." So etwa tönt es beim schlichten Kirchenvolk. In einem solchen Milieu, das von gutgläubigen und toleranten Menschen bestimmt wird, kann sich der Machtmensch auf seinem Weg zu einer einflußreichen Stellung schon weit nach vorne gekämpft haben, bevor ihn jemand entlarvt.

Ein dritter Grund dafür, daß die Machtmenschen in christlichen Kreisen so leicht Einfluß gewinnen, ist der Umstand, daß sie in ihrer Argumentation so oft die Bibel verwenden. Sie sind ja meist sehr intelligent und tun sich mit geistigen Dingen leicht. Ganz schnell kann sich solch eine Person eine Reihe von Bibelstellen aneignen, die die eigenen Ansichten unterstützen. Gottes Volk aber ist es gewöhnt, sich vor Gottes Wort zu beugen. Vertrauen auf die Bibel ist für die meisten Gläubigen das allererste Gebot. Schon der Gedanke, auch nur dem geringsten Wort des Herrn untreu zu sein, stürzt viele fromme Christen in Schuldgefühle. Viele sind aber nicht in der Lage zu sehen, daß der Machtmensch die Bibel in seinem Sinne umfunktioniert. Er gebraucht sie als Waffe *gegen* seine Mitmenschen, nicht *für* sie. In seiner Familie oder Kleingruppe kann er die schönsten Abschnitte der Bibel dazu verwenden, eine Situation seelischer und geistlicher Grausamkeit herzustellen. In solch einer Situation muß man laut aussprechen, daß das Wort Gottes mißbraucht wird.

Der Machtmensch legt sich auch oft ein einfaches theologisches System mit einer Reihe von feststehenden Prinzipien zurecht. Das nötigt er seinen Mitmenschen auf und fordert dabei absoluten Gehorsam gegenüber der „rechten Lehre“, der „rechten Theologie“ oder den „richtigen Prinzipien“. Durch die Macht, die er ausstrahlt, schafft er Angst und bricht er jeden Widerstand. Diejenigen, die er auf diese Weise in seine Macht bekommt, haben das Gefühl, gegen Gott selbst zu rebellieren, wenn sie Protest anmelden.

Bei seinen Bestrebungen, sein Lehrsystem und seine Grundsätze durchzusetzen, wird der Machtmensch von der geistigen Verwirrung unserer Zeit unterstützt. Viele

Menschen — auch Christen — sind aufgrund der vielen Eindrücke, die auf sie einstürmen, verunsichert und verwirrt. Es gibt so viele Forderungen und Angebote, zu denen man sich irgendwie verhalten muß. Es gibt so viele und so vieles, was Aufmerksamkeit auf sich zieht. Selbst in der Kirche sind die Aktivitäten so vielfältig und differenziert, daß die Gemeinde schnell irritiert und nervös, müde und erschöpft ist. Wenn dann eine Führergestalt mit einem einfachen theologischen Rezept und klaren Regeln auftritt und das ganze mit dem Angebot einer starken Führung verbindet, lassen sich die Leute leicht faszinieren. 20 bis 30 Bibelstellen und ein paar Spezialausdrücke, die als Schlagworte gebraucht werden, vermitteln ihnen den Eindruck, sie hätten jetzt den Kern der Bibel erfaßt und bräuchten nicht viel mehr. So entstehen Sekten — und so können sich Sektenführer durchsetzen.

Auf dem Hintergrund dieser Verhältnisse möchte ich mit Nachdruck betonen, daß das Gottesvolk in allen Kirchen, Gemeinschaften und Gemeinden von seiner Gutgläubigkeit abrücken muß. Auch wenn es schmerzlich ist, ist es doch wahr, daß es Führer gibt, die „böse Menschen und Schwindler" sind, mit denen es „je länger, desto schlimmer wird. Sie sind verführte Verführer" (2.Tim. 3,13). Statt dessen sollten sich die Menschen an solche Gemeindeleiter halten, die von Gott beauftragt sind und die „schändliche Heimlichkeit meiden und nicht mit List umgehen, auch nicht Gottes Wort verfälschen" (2. Kor. 4,2).

Angriff auf die Schwächsten

Machtmenschen, wie wir sie hier beschreiben, richten ihre Angriffe in der Regel gegen die schwächsten Mitglieder eines Kreises. Ihre Opfer sind fortwährenden Attacken ausgesetzt. Das hält sie in ständiger Anspannung; beim Verteidigungskampf verbrauchen sie oft ihre gesamte Energie. Viele sind am Ende völlig erschöpft. Manche Erschöpfungsdepressionen können hier ihre Ursache haben. Die „Starken" in der Gemeinde bemerken das alles lange Zeit nicht — bis sie selbst in einen Wirbel von Konflikten hineingeraten. Ich kenne Menschen, die die Liebe, Friedfertigkeit und Demut in Person sind und sich dennoch plötzlich in einem Hexenkessel von Zank und Streit wiedergefunden haben. Sie kennen ihre Bibel; sie ist ja ihr Maßstab. Und da steht, daß sich die Starken für die Schwachen und Unglücklichen einsetzen sollen. Jesus Christus ist ihr Vorbild; und der ergriff sehr aktiv Partei für die Schwachen. Solche Menschen merken zum Glück irgendwann, daß der Geist sie zu etwas motiviert und antreibt. Ihr Gewissen zwingt sie zu handeln. Dann stellen sie sich dem Kampf, obwohl das ihrem friedfertigen Naturell widerstrebt.

Aber niemand von denen, die schließlich zur Verteidigung ihrer Geschwister aufgestanden sind und mit denen ich darüber gesprochen habe, hatte anfangs auch nur die leiseste Ahnung, was dabei auf ihn oder sie zukommen würde. Jetzt nämlich wendet sich der betreffende Machtmensch gegen sie. Auf genau diesen Augenblick hat er gewartet. Endlich kann man Tag und Nacht diskutieren.

Der Machtmensch ist ein Meister, wenn es um Formales geht. Dadurch gewinnt er fast alle Debatten. Er kann seine Sache vertreten wie niemand sonst. Ein friedfertiger und vernünftiger Mensch mit gesundem Menschenverstand begreift in der Regel nicht, warum ein anderer Mensch, der sich noch dazu „Christ“ nennt, nicht zur Vernunft gebracht werden kann. Aber Machtmenschen können nicht mit Argumenten zur Raison gebracht werden, weil sie gar keine Lösungen wollen. Sie wollen endlose Diskussionen führen. Je später der Abend, desto besser: Denn dann neigen die meisten Menschen dazu, sich kategorisch und scharf zu artikulieren. Es kommt oft zu dramatischen Situationen, wenn es Nacht ist und alle müde sind. Machtmenschen genießen Dramatik. Wenn wir bedenken, daß Schlafverbot zu den übelsten Foltermethoden gehört, verstehen wir auch, daß es sich hierbei um eine höchst gefährliche Waffe handelt.

Diese lieben, friedfertigen und glaubensstarken Gotteskinder, die zur Rettung ihrer schwächeren Geschwister antreten, gewinnen den Streit nur selten. Sie sind nämlich nicht voll und ganz auf den Kampf konzentriert. Ein normaler Christen hat viele verschiedene Interessen und verteilt deshalb seine Energie auf viele Bereiche. Der Machtmensch dagegen ist einzig und allein mit seinem Machtkampf beschäftigt. Er setzt alle Kraft für seine Angriffe ein und ist in der Regel effektiver, schlauer, stärker und vor allem ausdauernder als andere.

Das, was soeben beschrieben wurde, hört sich wahrscheinlich für die, die das alles noch nicht selbst erlebt haben, ungeheuer übertrieben an. Aber ich habe die Schilderungen so vieler weinender und leidender Menschen im Ohr, daß ich bezeugen kann, daß jedes einzelne Wort dieser Darstellung von der Realität gedeckt ist.

Dieses Durcheinander von endlosen Gesprächen, öffentlichen Abrechnungen und Briefen hin und her bringt auch ganz normale Leute mitunter so durcheinander, daß sie selbst beginnen, einander Vorwürfe zu machen. Oft geschieht das im Zusammenhang mit Diskussionen darüber, wie man sich den Machtmenschen gegenüber verhalten soll. Auf diese Weise können aus engsten Freunden erbitterte Feinde werden. Das Ergebnis ist eine tiefgreifende Verstimmung, sei es in der Gemeinde, zu Hause oder am Arbeitsplatz. Eine der dämonischsten Seiten des Wirkens von Machtmenschen besteht darin, daß sie Macht haben, Menschen gegen deren Willen — und ohne daß diese das verhindern können — auseinanderzubringen.

Falls es in der Umgebung des Machtmenschen gesunde und starke Leitungspersönlichkeiten gibt, wird jener versuchen, nach dem alten Motto: „Teile und herrsche!" zu verfahren. Der Leiter einer christlichen Organisation war längere Zeit verreist. Nach seiner Rückkehr suchte ihn ein Kollege auf, der ebenfalls in derselben Institution arbeitete. Der Heimkehrer legte sein Gesicht in bekümmerte Falten und erklärte dem anderen, er hätte plötzlich alle Hände voll zu tun, um sein Renommee bei den anderen Kollegen wiederzugewinnen. Alle seien nämlich plötzlich gegen ihn. Es erwies sich, daß der Mann recht hatte. Als er fort war, hatte ihn sein Kollege so geschickt und gründlich verleumdet, daß sich praktisch alle Mitarbeiter gegen ihn gewandt hatten (das griechische Wort für „Teufel" ist „Verleumder", „Ankläger" oder „Durcheinanderbringer"!). Es dauerte ziemlich lange, bis dieser Leiter die Zusammenhänge begriff; es erforderte viel Kampf, bis das Vertrauen wiederhergestellt und der Machtmensch entlarvt war.

Mitunter nehmen machtsüchtige Leiter eine ganze Schar von Anhängern mit sich, lösen sich von der Gemeinschaft und bauen ein neues Umfeld auf, das von Unterwerfung und Kadavergehorsam gekennzeichnet ist. Aber zum Glück unterschätzen sie oft die Trägheit in einer Gemeinde oder Institution. Ich kenne Fälle, wo solche Menschen zunächst meinten, die allermeisten würden ihre ursprüngliche Umgebung verlassen; am Ende war es nur eine Handvoll, die ihnen folgte. Manchmal aber gelingt das Vorhaben eines Machtmenschen doch. Ein bedeutender US-amerikanischer Kirchenmann schreibt: „Einige Menschen, die überhaupt nicht verstehen, was im Herzen eines echten Hirten vor sich geht, mißbrauchen das Hirtenprinzip und bauen ihre eigenen kleinen Reiche, wo sie das Volk Gottes beherrschen und für ihre Zwecke ausnützen können."

Trennungen sind nicht von vornherein und überall falsch. Es handelt sich nicht immer um unreine Motive, wenn neue Gemeinden oder Glaubensgemeinschaften entstehen. Wenn es aber zu Trennungen und zur Sektenbildung kommt, weil ein Machtmensch seine Machtbegierde befriedigen will, ist das ein Werk des Satans. In diesem Falle haben sich diejenigen verführen lassen, die dem Machtmenschen auf seinem Weg aus der Gemeinde folgen; sie „halten sich an Geister, die in die Irre führen, und an Lehren, die von bösen Mächten stammen. Sie sind von lügnerischen Heuchlern verführt worden und gebrandmarkt in ihrem Gewissen" (1. Tim. 4,1-2).

Es kann auch geschehen, daß der Machtmensch den Machtkampf so vollständig gewinnt, daß er allen Widerstand in der Gemeinde brechen kann und als Alleinherrscher übrigbleibt. Im 3. Johannesbrief (9-10) findet sich eine Schilderung, die sich wie die Darstellung solch einer Situation liest: „Ich habe der Gemeinde kurz geschrieben; aber Diotrephes, der dort am liebsten der Erste wäre, will mit uns nichts zu tun haben. Wenn ich komme, will ich sein Treiben zur Sprache bringen! Denn er verleumdet uns mit übler Nachrede. Aber auch das ist ihm nicht genug: Er selbst nimmt die Brüder nicht auf; wollen andere dies tun, hindert er sie daran und stößt sie aus der Gemeinde aus." Diotrephes hatte sich offensichtlich kurz vorher an die Spitze der Gemeinde gebracht. Er hatte die Herde gespalten, fanatische Anhänger gewonnen und war nun dabei, seine Gegner zu vernichten — unter anderem durch Gemeindeausschluß. Dieser Mann hatte in seiner

Machtposition eine derartige Selbstherrlichkeit gewonnen, daß er sogar den Kampf gegen die Apostel aufnahm, die der Herr Jesus selbst berufen und eingesetzt hatte.

Das schlimmste bei solchen Ereignissen besteht darin, daß das Volk Gottes betrogen und verführt wird. Im 2. Petrusbrief heißt es im Hinblick auf solche Verhältnisse: „Schon im Volk Israel gab es falsche Propheten, wie auch bei euch Irrlehrer auftreten werden, die verderbliche Irrlehren einführen und sogar den Herrn verleugnen, der sie losgekauft hat. Damit bereiten sie sich selbst einen schnellen Untergang. Viele werden ihnen in ihren Ausschweifungen folgen; um ihretwillen wird der Weg der Wahrheit zum Gespött werden. Aus Habsucht werden sie euch mit Lug und Trug zu gewinnen suchen…“ (2. Petr. 2,1-3).

Machtrausch

Als der Teufel Jesus auf einen hohen Berg führte und ihm in einem einzigen Augenblick alle Reiche der Welt zeigte, stand der Herr plötzlich in der allergefährlichsten Umgebung, in die man geraten kann. Denken wir daran, daß Jesus ein echter Mensch war! Die Versuchung war real. „Ich gebe dir Macht über all dies und gewähre dir diese ganze Herrlichkeit", versprach ihm der Satan und fuhr fort: „All das liegt in meiner Hand. Ich gebe es, wem ich will. Wenn du", flüsterte er listig, „nur ein einziges Mal niederfällst und mich anbetest, gehört es dir" (Luk. 4,6-7). Aber der Versucher täuschte sich. Jesus wies sein Angebot zurück. Da wich der Teufel von ihm, und Jesus verließ ausgehungert die Wüste, gestützt von Engeln. 40 Tage hatte er gefastet und geistlich gekämpft!

Der Satan wußte genau, an welchem Punkt er mit seinen Angriffen ansetzen mußte. Sein eigener Fall aus der himmlischen Herrlichkeit in den Abgrund hinab ereignete sich nämlich auf ebendiesem Feld. Wir haben den kurzen Judasbrief bereits mehrfach zitiert; es ist wahr, daß ein Teil des Textes dieses Briefes schwerverständlich ist. Ich deute ihn als Beschreibung des Falles Satans, der ursprünglich ein hoher Engel war; ferner interpretiere ich ihn als Text zum Thema Machtrausch. Der Brief schildert u.a. „Engel, die ihren hohen Rang mißachtet und ihren Wohnsitz verlassen haben" (Judas 6). Das läßt sich durch das Wort aus dem 2. Petrusbrief ergänzen: „Gott hat auch die Engel, die gesündigt haben, nicht verschont, sondern sie in den Abgrund gestürzt" (2. Petr. 2,4).

Judas schreibt ferner von Menschen, die der Teufel denselben Versuchungen ausgesetzt hat wie Jesus, die aber gefallen sind, so wie der Satan selbst einst fiel; sie sind „Bäume, die im Herbst keine Frucht tragen, zweimal verdorrt und entwurzelt; wilde Meereswogen, die ihre eigene Schande ans Land spülen; Sterne, die keine feste Bahn haben. Ihnen ist auf ewig die dunkelste Finsternis bestimmt“ (Judas 12-13).

Was bewegt den Briefschreiber dazu, solch drastische Bilder zu verwenden? Das hängt damit zusammen, daß die beschriebenen Menschen auf dieselbe Weise zu Fall gekommen sind wie Satan selbst. Sie haben sich dem Machtrausch ausgeliefert, den Jesus zurückgewiesen hat, als er mit dem Teufel auf dem Berg stand, auf den ihn der Böse geführt hatte.

Wir befinden uns hier auf der Wasserscheide zwischen dem, was göttlich und was satanisch ist. Machtrausch ist die Energie des Satans, seine Triebkraft und sein einziger Genuß. Wenn sich ein Mensch diesem Rausch hingibt, gibt es keine Bilder, die zu dramatisch, zu stark oder zu scharf sind, um seine Sünde zu beschreiben samt der Situation, in der er sich befindet.

Diesen Rausch empfindet ein Folterer, der sein Opfer peinigt. Das gleiche ist der Blutrausch, den Nero erlebte, als die Löwen in der Arena die Leiber der Christen in Stücke rissen. Nicht wenige Machtmenschen gebrauchen physische Gewaltmittel, um in diesen Rauschzustand zu gelangen. Wenn ein Mann seine Frau niederschlägt und sie voller Angst und Schmerzen vor ihm auf dem Boden liegt, erlebt er den teuflischsten aller Rauschzustände.

Das schlimmste ist: Wenn man so etwas in „profaner“ Umgebung schildert, erscheint es mitunter so, als wäre das die letzte Folge und Konsequenz des „Christentums“. Das Gegenteil ist der Fall: Jesus hat sein Leben gelassen, um genau dies zu bekämpfen. Jesus hat sein Blut vergossen, um jene Kräfte zu besiegen, die hinter solchen Handlungen stehen.

Wie schlimm auch die Anwendung physischer Gewalt sein mag — noch entsetzlicher ist die psychische Gewalt, die ausgeübt wird, wo Machtmenschen regieren. Diesen Leuten geht es in erster Linie um die Herrschaft über die Seele anderer Menschen, nicht um ihren Körper.

Ein kleines Beispiel soll beleuchten, worum es geht: Ein Christ war von Gott jahrelang als Prediger, Schriftsteller und Seelsorger gebraucht worden. Außerdem hatte er seine Arbeit ausgezeichnet organisiert. Dieser Mann erzählte mir, wie er in die Hände eines Machtmenschen geriet. Dieser hat ihm innerhalb weniger Jahre jede natürliche Selbstachtung genommen. Dabei hat sich diese Entwicklung unmerklich vollzogen. Dem anderen wurde allmählich die Selbständigkeit geraubt, während er Tag für Tag von dem Machtmenschen abhängiger wurde.

Alles begann damit, daß dieser Mensch in einem vertraulichen Augenblick zu ihm sagte: „Du weißt schon, daß du keine vernünftige Predigt halten kannst?!" — Ja, das mußte der Prediger einräumen. „Du bist dir auch klar darüber, daß du nicht schreiben kannst?!" fuhr sein Kollege fort. — Darüber war er sich völlig im klaren! „Du bist ein ungeschickter Seelsorger!" — Auch das wußte er. In diesem Augenblick spürte er es ganz deutlich. „Und", schloß sein Widersacher, „du hast nicht das geringste Organisationstalent und kannst nichts in Ordnung halten!" Der arme unterdrückte Mensch war völlig überzeugt. Das war die Wahrheit. Er war nichts. Er konnte nichts. Aber er machte einen Schritt auf seinen Beschützer und „Freund" zu und flüsterte ihm vorsichtig und verklemmt zu: „Was kann ich denn überhaupt noch tun?" — Die Antwort war kurz und bündig: „Du kannst machen, was ich sage." Der Machtmensch stand da und lächelte seinen Kollegen an. Ganz sicher siedete und kochte der Machtrausch in ihm und schickte wollüstige Gefühle durch seinen ganzen Leib. Er hatte einen Sklaven gewonnen, mit dem er machen konnte, was er wollte. Er war für diesen Menschen zur Gottheit geworden. Von nun an konnte er

Zuckerbrot und Peitsche verwalten, Ermutigung und Strafe, wie es eben nötig ist, um die Sklaverei aufrechtzuerhalten. Zugleich konnte er seinen Leibeigenen dazu benutzen, seine eigenen Ziele zu verfolgen: sich immer mehr Menschen zu unterwerfen.

Diese Schilderung ist nicht erfunden, sondern wurde mir so erzählt. Leider weiß ich, daß sich ähnliche Dinge in unzähligen Familien und Gemeinden überall zutragen.

Ein schwedischer Kirchenführer sagte zu mir: „Das ist unser größtes und völlig unbewältigtes Problem. Wir haben nicht die leiseste Ahnung, wie wir damit umgehen sollen." Er erzählte mir, daß Seelsorger immer wieder vor solchen Situationen stehen und meistens nicht wissen, wie sie diese Dinge anpacken sollen — wenn sie den Zusammenhang überhaupt begreifen! Ich wiederhole: Der Machtrausch ist der verderblichste und teuflischste aller Rauschzustände.

Eine Ergänzung zu diesem Kapitel: Jener Machtmensch, der seinen Kollegen an den Punkt gebracht hatte, wo er selbst den Sieg schon in seiner Tasche wähnte, war dennoch ein wenig zu weit gegangen. Er hätte mit seinem entscheidenden Schlag ein halbes Jahr länger warten sollen. Sein Kollege erzählte nämlich folgendes: Als er für sich allein in die Winternacht hinausging, dämmerte etwas in seinem umnebelten Hirn: „Merkwürdig", dachte er, „ich habe doch schon so oft gepredigt, Artikel geschrieben, Menschen seelsorgerlich begleitet und meine Arbeit organisiert. Das war doch nicht alles falsch." Nur langsam stieg all das in seinem Bewußtsein empor, während er weiterwanderte. Die Gedanken drängten sich mühsam durch sein Gefühl der Erniedrigung und der Machtlosigkeit hindurch. Er begann zu beten; und Gott kam zu ihm. In diesem Augenblick begann ein langer und schmerzhafter Weg in die Freiheit.

Der Begriff „Machtmensch" und seine Gefahr

An dieser Stelle möchte ich ein paar Worte zum Begriff „Machtmensch" sagen, den ich ständig verwende. Früher einmal hatte ich eine völlig andere Einstellung zu dieser Sache als heute: „Die Menschen sind eben verschieden", dachte ich damals. „Jedes Kind Gottes ist ein Original. Es gibt keinen ‚allgemeingültigen' Menschentyp. Auch die Sünder sind alle verschieden. Es gibt wirklich nur Originale. Selbst wenn es so etwas wie Machtmenschen geben sollte, unterscheiden sie sich grundlegend voneinander. Sie haben verschiedene Einstellungen, Methoden und Ziele, selbst wenn sie alle auf Macht versessen sind." Aber im Laufe der Jahre mußte ich eine verblüffende Entdeckung machen, die sich immer mehr verdichtete, je häufiger mir die Opfer von ihren Plagegeistern berichteten: Eine weinende Frau nach der anderen, ein bleicher und geängstigter Gemeindeleiter nach dem anderen saßen vor mir und erzählten fast identische Geschichten! Jedes Mal ergaben ihre Schilderungen dasselbe Bild.

In der Regel begann es mit ein paar verwirrten Sätzen darüber, daß sie selbst auch ihre Fehler hätten. Dann erzählten sie, daß sie sich von niemandem verstanden fühlten. Einige waren beim Pfarrer, Pastor oder Seelsorger gewesen, bei der Familienberatung, bei Sozialarbeitern, beim Psychologen oder Psychiater. Die meisten hatten ein bißchen mit nahen Freunden und Bekannten geredet und waren praktisch immer zu Ergebung und Versöhnung aufgefordert worden. Dann zeichneten meine Gesprächspartner meist das Bild eines Menschen, der ständig an ihren Fehlern herumkritisierte. Er belastete seine Opfer mit Schuldgefühlen. Er mußte ständig im Mittelpunkt stehen. Wenn nicht, ereigneten sich dramatische Dinge, die dazu führten, daß alle über ihn redeten. Ich hörte von Trennungen und Spaltungen, von Freunden, die im Lauf der Diskussionen zu erbitterten Feinden wurden. Die Opfer schilderten, wie sie unter die Macht solcher Menschen geraten und zu Sklaven geworden waren. Und fast immer beschrieben sie die betreffende Person als intelligent, tüchtig und anziehend. Die betreffende Person gab immer nach „innen“ ein anderes Bild ab als nach außen. In der Stadt oder in der Kirchengemeinde konnte es sich um einen geachteten Mann handeln. Er verstand es geschickt, seine Selbstbezogenheit und seine Herrschsucht zu bemänteln. Geschah etwas Tadelnswertes, verstand er es stets, anderen die Schuld in die Schuhe zu schieben.

Widerstrebend mußte ich nach und nach zugeben, daß es sich immer wieder um die gleichen Symptome und Muster handelte. Nach einer Weile war ich überzeugt, daß es tatsächlich einen ganz bestimmten Typ von Machtmenschen gibt. In meiner Beschreibung schlägt sich eine vierzigjährige seelsorgerliche Arbeit nieder. Meine Darstellung mag einseitig wirken; aber sie gibt genau die Eindrücke wieder, die ich empfangen habe.

Mein Verhältnis zu biblischen Aussagen entsprach in etwa meinem Verhältnis zu den Menschen, die mich in meiner Eigenschaft als Seelsorger aufsuchten. Ich muß voller Scham zugeben, daß ich lange Zeit nicht gesehen habe, daß die Verfasser der biblischen Schriften negative und erschreckende Charakterzüge beim Namen nennen und aufzeigen, die sich genau so beim Machtmenschen finden.

Ich sollte an dieser Stelle sagen, daß ich ein lebensbejahender Zeitgenosse bin. Mein Augenmerk hat sich früher hauptsächlich auf lichte, fröhliche und positive Bibelabschnitte gerichtet. Nur widerstrebend und mit großem Widerwillen habe ich damit begonnen, die dunklen Partien zu unterstreichen und sie näher zu erforschen. Zugleich aber habe ich es als Bestätigung dafür erlebt, daß ich bei meiner seelsorgerlichen Beratungsarbeit auf dem richtigen Weg war, als ich entdeckte, daß Paulus, Johannes, Petrus, Judas und Jesus selbst mit genau denselben Problemen zu kämpfen hatten. Die Machtmenschen gehören zur biblischen Wirklichkeit; sie finden sich in der Kirchengeschichte und auch im gegenwärtigen kirchlichen und christlichen Lebensraum.

Ein Buch wie dieses birgt aber auch Gefahren. Wenn beispielsweise eine gesunde und starke Kampfnatur im Namen Gottes gegen Verfall und Unmoral aufsteht oder für das Reich Gottes eintritt, kann dieser Mensch — mit Berufung auf meine Ausführungen — von seinen Gegnern leicht als machtbesessen abgestempelt werden.

Übersensible und skrupelhafte Menschen könnten auf den irrigen Gedanken verfallen, sie selbst seien Machtmenschen. Sie bekommen bei der Lektüre dieses Buches den Eindruck, gewisse geschilderte Züge bei sich selbst wiederzuentdecken. Sie bemerken an sich zum Beispiel Tendenzen zum Egoismus, Freude an Selbstdarstellung, einen Drang zu bestimmen — und geraten deshalb in Sündennot. Solchen Menschen kann man versichern: Wären sie solche Machtmenschen wie die, von denen hier die Rede ist, würden sie gar nicht erst zugeben, daß sie solche Charakterzüge haben. Vor allem würden sie dann gewiß nicht in Sündennot geraten.

Insgesamt glaube ich, daß die Gefahren bei der Benutzung dieses Begriffes gering sind angesichts der Klärung und des Nutzens, den er bringen kann. Freilich könnte man fragen, ob die Gefahren dieses Wortgebrauchs nicht dennoch so groß sind, daß man die ganze Sache lieber auf sich beruhen lassen sollte. Solch ein Gedanke zeugt aber von Gleichgültigkeit gegenüber den Opfern und von einer übertriebenen und unrealistischen Einschätzung ihrer Möglichkeiten, sich selbst zu verteidigen. Dieser Gedanke kann so formuliert werden: „Man darf sich von solchen Typen eben nicht tyrannisieren lassen!“ Solch ein Satz ist ein Hohn gegenüber Tausenden, die physisch oder psychisch bereits gebrochen sind.

Es gibt natürlich Menschen, die so stark sind und solch massive Unterstützung in ihrer Umwelt haben, daß man ihnen zumuten kann, den Kampf selbst aufzunehmen, um einen Machtmenschen in die Schranken zu weisen oder zumindest die eigene Selbstachtung aufrechtzuerhalten. Es gibt Untergebene, die tatsächlich fähig sind, einen Kampf gegen ihren machtsüchtigen Chef zu gewinnen. Auch eine Gemeinde schafft es unter Umständen, einen Machtmenschen zu isolieren, der in ihr sein Unwesen treibt. Die Erfahrung lehrt jedoch, daß solche Schlachten nicht leicht zu gewinnen sind.

Vor allem dürfen wir als Ratgeber nicht allzu schnelle und bequeme Rezepte geben. Wie leicht sagt man einem Menschen: „Du mußt durchhalten; ich bete für dich; es wird schon alles gut werden!“ Auch mit dem guten Rat, Widerstand zu leisten und sich nicht kaputtmachen zu lassen, ist es nicht getan. Wer solche Töne anschlägt und ein armes Opfer mit einem wohlwollenden Schulterklopfen davonschickt, trägt wahrscheinlich dazu bei, einen Menschen noch tiefer ins Unglück geraten zu lassen.

Aber zum Glück gibt es Rettungsmöglichkeiten auch für viele von denen, die nicht fähig sind, den Kampf aufzunehmen. Flucht ist nicht selten die beste Lösung. Sie ist auch in der Schrift nicht völlig unbekannt: Joseph und Maria nahmen das Jesuskind und flohen vor einem Despoten.

Besserung: nicht zu erwarten!

Das Warten auf die Besserung des Machtmenschen ist keine Lösung. Der bekannte norwegische Psychiater Tollak B. Sirnes sagt: „Die meisten kontrollierten Untersuchungen über die Behandlungserfolge bei Psychopathen beweisen, daß die Aussichten auf wesentliche Verbesserungen gering sind.“ (Sirnes verwendet den Begriff „Psychopath“ ganz im Sinne unserer Beschreibung des Machtmenschen.)

Dies zu akzeptieren ist für viele Menschen sehr schwierig. Kinder sehnen sich von Herzen danach, daß ihr Vater freundlicher wird. Mütter warten, hoffen und dulden alles. Christen beten und vertrauen. Seelsorgern wird die bange, hoffnungsvolle Frage gestellt: „Gott kann doch Wunder tun?“ Gewiß kann Gott Wunder tun. Jesus sagt ja sogar, daß ein Glaube ohne Zweifel Berge versetzen kann (Matth. 21,21-22). Dazu ist aber ein wirkliches Wunder nötig. Wir haben es hier mit etwas zu tun, das so tief, weitreichend und furchtbar ist, daß ein Wunder in diesem Bereich kaum mit einer „normalen“ Heilung zu vergleichen ist. Selbst bei lebendigem Glauben und starkem Gebetseinsatz ist es erfahrungsgemäß ungewöhnlich und selten, daß Gott direkt eingreift, so daß es bei solchen Menschen zu einer durchschlagenden Besserung kommt. Aus christlicher Sicht kommt das daher, daß bei solchen Menschen bereits der innerste Kern eines gesunden christlichen Sinnes angegriffen oder nahezu irreparabel geschädigt ist.

Ein bekannter und geachteter christlicher Psychiater

hat mich einmal aufgrund solcher Ansichten in der Öffentlichkeit angegriffen. Ich ging zu ihm und war ganz offen für das, was er sowohl als Fachmann als auch als reife christliche Persönlichkeit zur Sache zu sagen hatte. Nachdem wir eine Weile freundlich geplaudert hatten, fragte ich ihn, ob er mir ein Beispiel nennen könnte, wo er bei solch einem Machtmenschen nach einer Behandlung tatsächlich eine gewisse Besserung erlebt hätte. An dieser Stelle muß angemerkt werden, daß nur äußerst wenige solcher Machtmenschen zur Behandlung kommen, weil sie sich ganz einfach nicht krank fühlen. Sie sind für eine Therapie „nicht motiviert". Wenn Seelsorger so etwas über einen Menschen sagen, dem sie nicht helfen können, beschuldigt man sie oft, sie würden leichtfertige Anschuldigungen erheben. Aber fordert nicht sogar Gott unsere Motivation? Diese Leute sehen einen verständnislos an, wenn man ihnen eine therapeutische Behandlung empfiehlt. Aus ihrer Sicht ist es ja gerade umgekehrt, nämlich so, als seien sie umgeben von lauter hypernervösen und neurotischen Mitmenschen. Ihr Ehepartner mag halbverrückt sein, und ihre Gegner in der Gemeinde sind verschrobene Spinner. Selbst aber sind sie ausgeglichen, gesund und stark.

Der Psychiater, mit dem ich redete, saß sehr lange da und dachte nach, bevor er antwortete. Ich konnte an seinem Gesichtsausdruck ablesen, daß er gründlich in seinem Gedächtnis nachforschte, um irgend etwas Haltbares zu finden. Am Ende sagte er, offensichtlich etwas verlegen: „Doch — bei mir war einmal jemand 15 Jahre lang in Behandlung. Ich glaube, daß ich bei ihm eine gewisse Besserung erlebt habe." Ich beendete das Gespräch mit ein paar allgemeinen Bemerkungen und verließ seine Praxis ziemlich schockiert. 15 Jahre und eine kleine Spur von Besserung! Es wirkte auf mich, als hätte dieser kluge und kenntnisreiche Fachmann all die Opfer völlig vergessen. Er sah nur den einen Patienten! Sein Eifer, ihm zu helfen und ihn zu verstehen, war natürlich löblich, aber was hat das mit Realismus zu tun? Was war mit den Opfern während dieser 15 Jahre? Wie sehr hat sich ihre Situation nach jener „kleinen Besserung“ verändert, die vielleicht niemand außer dem Arzt verspüren konnte? Außerdem gibt es eine Reihe von Machtmenschen, die mit zunehmendem Alter etwas „milder“ werden. Vielleicht war der Patient im Laufe dieser 15 Jahre einfach von einer gewissen Altersschwäche eingeholt worden!

Der einzige Rat, den man also geben kann, mag er sich auch noch so grausam anhören: Rechne mit keiner Besserung, die von praktischer Bedeutung ist, sondern gehe in deinem Verhalten von einer pessimistischen Prognose aus!

Enttarnung

Es gibt eine Fähigkeit oder Begabung, die die Gnadengabe der „Geisterunterscheidung“ genannt wird (1. Kor. 12,10). Wahre Propheten des Herrn haben diese Gabe. Deshalb heißt es in der Schrift: „Zwei oder drei können prophetisch reden; dann sollen die anderen das Gesagte überprüfen“ (1. Kor. 14,29). So kann etwa ein Ungläubiger von allen „entlarvt und beurteilt“ werden, so daß ans Licht kommt, „was in seinem Herzen verborgen ist“ (1. Kor. 14,24-25). Das gleiche kann mit einem Machtmenschen geschehen, der in der Gemeinde auftritt. Viele lassen sich womöglich betören und sind voller Bewunderung für solche Menschen. Aber der Heilige Geist kann sie durch Christen enttarnen, die die Gnadengabe haben, die Geister zu unterscheiden und Lüge zu entlarven. Solche Menschen sagen zum Beispiel in einer charismatischen Gemeinde, daß die Zungenrede falsch und ihre Auslegung frei erfunden ist oder daß eine angeblich „prophetische“ Botschaft mit dem Ziel ausgesprochen wurde, die Absichten des Machtmenschen zu unterstützen — sei es bewußt oder unbewußt.[1]

---

[1] Anmerkung des Übersetzers: Die Praxis neutestamentlicher Gnadengaben wie Zungenrede oder Prophetie (1. Kor. 12-14) ist bei uns zum Teil unbekannt, zum Teil sehr umstritten. Dort, wo solche Gaben ausgeübt werden, ist darauf zu achten, daß eine Prüfung anhand der Bibel stattfindet und eine geistliche Bestätigung oder Kritik durch die gesamte Gemeinde nicht nur theoretisch möglich ist, sondern wirklich „institutionalisiert“ und praktiziert wird.

Nach und nach werden in einer geistlich wachen Gemeinde mehrere Gemeindeglieder merken, daß irgend etwas nicht stimmt. Vielleicht finden sie dafür keine Worte, spüren aber in sich eine Leere und etwas Falsches. Das kommt daher, daß diese Machtmenschen nicht nur ihr falsches Spiel betreiben, sondern ganz einfach hohl und leer sind. In der Gegend, in der die biblischen Schriften entstanden sind, bedeutet Regen bis heute viel. Ohne Regen kein Wachstum und deshalb auch keine Nahrung. Deshalb werden Trockenheit und leere Wolken oft als Bilder für den beschriebenen Zustand verwendet. Im Judasbrief ist von Hirten die Rede, die wie Wolken sind, die der Wind umhertreibt. Und im zweiten Petrusbrief finden sich die Worte: „Diese Menschen sind Quellen ohne Wasser, sie sind Wolken, die der Sturm vor sich herjagt“ (2. Petr. 2,17). Johannes ermahnt uns zur Vorsicht, damit wir unser Vertrauen nicht allzu leichtfertig auf Menschen setzen: „Meine Lieben“, schreibt er, „glaubt nicht jedem Geist! Prüft die Geister, ob sie von Gott sind. Denn viele falsche Propheten sind ausgegangen in die Welt“ (1. Joh. 4,1). Im Buch der Offenbarung ist von einer Gemeinde die Rede, die Leute „auf die Probe gestellt“ hat, „die sich Apostel nennen und es nicht sind“ und die sie „als Lügner erkannt“ hat (Offb. 2,2).

In unseren Tagen ist man allzu schnell dabei, irdische Erfolge als Echtheitsbeweis anzusehen: „Dieser Mann hat ungeheuren Zulauf, deshalb muß Gott mit ihm sein“ oder: „Diese Bewegung wächst, deshalb muß es der Heilige Geist sein, der dieses Wachstum bewirkt“ oder: „Dieser Wunderheiler muß ein auserwähltes Werkzeug des Herrn sein, denn durch seine Hände geschehen mächtige Dinge.“ Hier sei nur an das Wort Jesu Matthäus 24,24 erinnert: „Es wird mancher...falsche Prophet auftreten, und sie werden große Zeichen und Wunder tun, um womöglich sogar die Auserwählten irrezuführen.“

Manche wiederum nehmen den Widerstand, den gewisse Personen oder Bewegungen erleben, als Echtheitsbeweis: „Alles Neue, das von Gott kommt, erlebt Widerstand. Deshalb muß auch alles Neue, was Widerstand erfährt, von Gott sein.“ Das ist ein gedanklicher Kurzschluß. Die Bibel und die Kirchengeschichte führen uns viele Beispiele von Menschen und Bewegungen vor Augen, die Widerstand erfuhren *oder* Erfolg hatten, aber dennoch ein großes Unglück für die Sache Gottes waren. Deshalb müssen wir wachsam sein und die falschen Führer samt ihren Anhängern entlarven, bevor sie ihre Ziele erreichen.

Ein Machtmensch muß nicht nur auf der Ebene der Gemeinde entlarvt werden, sondern auch gegenüber den Individuen, die sein Opfer geworden sind. Darin liegt der Schlüssel zur Rettung. Sirnes hebt hervor, daß die Taktik dieser Leute nicht mehr funktioniert, sobald sie entlarvt worden sind. „Es ist Unsinn, wütend zu sein, wenn keiner Angst hat“, sagt eine norwegische Volksweisheit. Machtmenschen leben davon, daß ihre Taktik undurchschaubar ist. Sie operieren hinter Tarnungen und vernebeln ständig ihre tatsächlichen Absichten.

Immer wieder bin ich mit den Opfern solcher Machtmenschen zusammengesessen und habe erlebt, wie sich der Nebel gelichtet und der Schleier gehoben hat. In der Regel bedarf es dazu nicht vieler Worte. Oft braucht man als Seelsorger überhaupt nichts zu sagen. Wer die Gelegenheit bekommt, das erlebte Chaos zu schildern — und zwar einem Menschen gegenüber, der nicht skeptisch ist, sondern verständnisvoll und teilnehmend —, sieht den Zusammenhang sehr oft von selbst. Zu fühlen — vielleicht zum ersten Mal im Leben —, daß einem aufs Wort geglaubt wird, daß jemand dasitzt und einem zuhört und das Unglaubliche für wahr hält, das kann solch eine befreiende Wirkung haben, daß man geradezu meint, man könne die Steine hören, die da von einem Herzen fallen. Einen Augenblick später kann sich der Seelsorger freuen, wenn er merkt, wie sich die Muskelanspannung seines Gegenübers löst und wie sich ein armer, geplagter

Mensch bequemer in den Sessel fallen läßt und sich entspannt. Innere Spannungen lockern sich, und Knoten werden gelöst. Kurz danach folgen die Worte: „Jetzt verstehe ich alles. So hängt das alles zusammen! Aber das ist ja ein ganzes System, ein einziger, großer Machtapparat! Ich war ja im Netz dieses Menschen gefangen!“ Einige brechen zu diesem Zeitpunkt in Freudentränen aus. Andere strahlen über das ganze Gesicht.

Es gibt Menschen, die längere Zeit Hilfe und Begleitung brauchen; aber es gibt auch Beispiele von Menschen, die nach geschehener „Enttarnung“ innerhalb von wenigen Minuten aus der Gefangenschaft befreit waren.

Verbindungen kappen!

Nach Matthäus 15,13 sagt Jesus: „Alle Pflanzen, die mein himmlischer Vater nicht gepflanzt hat, werden ausgerissen." Der Täufer Johannes predigt: „Schon ist den Bäumen die Axt an die Wurzel gelegt. Jeder Baum, der keine gute Frucht bringt, wird abgehauen und ins ewige Feuer geworfen" (Matth. 3,10). Der Apostel Paulus schreibt an die Galater: „Wenn euch jemand ein anderes Evangelium predigt als das, das ihr empfangen habt, der sei verflucht!" (Gal. 1,9). Apostelgeschichte 13,6-12 wird erzählt: „Paulus und Barnabas durchzogen die ganze Insel bis Paphos; dort stießen sie auf einen jüdischen Zauberer und falschen Propheten namens Barjesus, der sich beim Gouverneur Sergius Paulus aufhielt. Dieser, ein verständiger Mann, bat Barnabas und Paulus zu sich, weil er Gottes Wort hören wollte. Aber der Zauberer... arbeitete gegen sie und versuchte, den Gouverneur vom Glauben fernzuhalten... Paulus aber, erfüllt vom Heiligen Geist, sah ihn scharf an und sagte: ‚Du Teufelssohn, du Schwindler und Betrüger, du Feind aller Gerechtigkeit — willst du nie aufhören, die geraden Wege des Herrn zu durchkreuzen? Jetzt legt der Herr seine Hand auf dich, so daß du eine Zeitlang blind bist und die Sonne nicht siehst!' Auf der Stelle wurde ihm schwarz vor Augen, er taumelte umher und suchte jemanden, der ihn an der Hand führen sollte. Als der Gouverneur erlebte, was da geschah, wurde er von der Lehre des Herrn überwältigt und kam zum Glauben."

An die Thessalonicher schreibt Paulus: „Wir gebieten

euch aber, liebe Geschwister, im Namen unseres Herrn Jesus Christus, daß ihr euch von jedem Gemeindeglied zurückzieht, das ein ungeordnetes Leben führt und sich nicht nach der Überlieferung richtet, die ihr von uns empfangen habt“ (2. Thess. 3,6). Timotheus erhält eine Reihe ähnlich deutlicher Ermahnungen von seinem Lehrmeister Paulus. Unter anderem erwähnt Paulus Leute, die zwar äußerlich gottesfürchtig sind, aber Kraft und Vollmacht vermissen lassen (2. Tim. 3,5). Timotheus soll sich von ihnen bewußt abwenden! Im Galaterbrief gibt er ein Beispiel dafür, wie er selbst aus seiner Haltung die Konsequenzen zog. Er erwähnt „falsche Brüder“ und berichtet dann: „Keinen Augenblick lang gaben wir ihnen nach oder beugten uns vor ihnen“ (Gal. 2,5).

Ein Teil dieser Bibelstellen bezieht sich nicht auf Leute, die als „Machtmenschen“ bezeichnet werden können, sondern auf Irrlehrer oder auf solche, die in einen unmoralischen Lebenswandel verfallen waren. Die Beispiele habe ich vor allem angeführt, um zu zeigen, daß es mitunter richtig und notwendig sein kann, auch innerhalb der christlichen Gemeinde, Gemeinschaft oder Familie mit bestimmten Menschen den Umgang abzubrechen.

Selbstverständlich ist es natürlich, daß man sich sehr lange vor solch einem drastischen Schritt scheut. Aber wenn man einmal den Zusammenhang klar erkannt hat, lautet mein Rat: Weist dem Machtmenschen die Tür, und zwar ohne weitere „klärenden Gespräche“, Diskussionen und Debatten. Alle Erfahrungen zeigen, daß die Dinge durch solche Klärungsversuche nur noch schlimmer werden.

Vor allem soll man keine langen Briefe schreiben. Ich kann nicht zählen, wie viele solcher Briefe ich gelesen, gehört oder zitiert bekommen habe. In diesen Ausführungen legen schreibgewandte, ehrliche und redliche Christen dem Machtmenschen ihre Argumente dar. Er liest sie mit einem triumphierenden Lächeln. Er genießt sie. Man schreibt ja über ihn! Er unterstreicht bestimmte Ausdrükke, die ungeschickt und unklug formuliert sind, um sie beim nächsten Zusammenstoß als eigene Argumente zu benutzen: „Man hat mir Briefe geschrieben. Darin wird angedeutet, ich sei lieblos und hochmütig. Man behauptet, ich verursache Spaltungen. Es klingt fast so, als wolle man mir das Christsein absprechen und mich zum Handlanger des Teufels machen. Erlaubt mir zu zitieren, zu welchen Behauptungen sich N.N. in seinem Brief hinreißen läßt." Daraufhin fischt der Machtmensch einen dikken Brief aus seiner Westentasche, während sich der Briefschreiber krümmt und denkt: „So war das doch alles nicht gemeint. Ich habe das alles doch nur geschrieben, um eine Grundlage für Frieden und Versöhnung zu schaffen."

Nein, was gesagt werden muß, muß kurz und bündig formuliert sein. Es muß sich dabei um eine offizielle Kündigung, einen offiziellen Ausschluß und Schlußstrich handeln. Diese Handlungsweise wird im Wort Gottes beschrieben und empfohlen.

Man muß vor allem dafür sorgen, daß alles, was getan wird, im Hinblick auf Entscheidungen im Leitungskreis, bei Jahreshauptversammlungen etc. formal und juristisch haltbar und unangreifbar ist. Eine der Waffen des Machtmenschen heißt: „Wenn es formal in Ordnung ist, ist alles erlaubt!"

Was aber ist mit Familien und Ehen? Ich bin ebenso wie viele andere Seelsorger sehr bekümmert darüber, daß so viele christliche Ehen auseinandergehen. Jesus hatte allen Grund, mit Nachdruck zur Treue zwischen Eheleuten Stellung zu nehmen.

Aber ich habe auch mit weinenden christlichen Ehefrauen gesprochen, die sich einst von einem gutaussehenden, eleganten und anziehenden Mann einwickeln ließen, um später — manchmal schon direkt nach der Hochzeit — zu entdecken, daß etwas in dieser Beziehung fürchterlich verkehrt war. Später wurden diese Frauen systematisch zerbrochen, in einigen Fällen auch brutal geschlagen, bis jedes natürliche Selbstwertgefühl ausgelöscht war. Wenn man ferner bedenkt, daß Fachleute und erfahrene Seelsorger aus Erfahrung wissen, daß in solchen Fällen nur wenig Hoffnung auf Besserung besteht, muß ich — jedenfalls für meine Person — gestehen, daß ich ab und zu den Rat gebe: „Flieh um dein Leben! Du lebst in keiner Ehe, sondern in einer Folterkammer. Du hast keinen Ehepartner, sondern einen Folterknecht."

Ebenso habe ich zu Kindern gesagt, die solch einen Rat befolgen konnten: „Packt den Koffer und haut ab! Bleibt bei eurer Mutter und steht zu ihr! Helft einander, um zu einem normalen Leben zurückzufinden."

Kann es so schlimm kommen? Ja — so schlimm kann es sein. Und es wird nicht besser davon, daß einige Leute in der Kirche an diesem Punkt die Augen vor der Wirklichkeit verschließen.

In der Gemeinde müssen die Leiter Entscheidungen fällen und die Verantwortung dafür übernehmen. Wenn es um Ehepaare geht, die nicht in einem Heim leben, das den Namen verdient, sondern in einem Raum der Mißhandlung, muß in der Regel ein erfahrener Seelsorger, christlicher Psychologe oder Psychiater die entscheidenden Worte aussprechen und die Verantwortung dafür tragen. Ich habe gesehen, wie Kinder und Ehefrauen (und ab und zu auch Ehemänner) auf diese Weise ihre Freiheit wiedererlangt haben. Ich habe gehört, wie sie voller Freude von ihrem neuen Leben und von einer durchgreifenden geistlichen Erneuerung erzählt haben — nachdem sie aus der Sklaverei entkommen waren. So etwas zu sehen ist für einen Seelsorger überreichlicher Lohn. Das ist alle Mühe und allen Kampf und Streit gegen die bösen Mächte wert.

Sollen die Kinder und die Ehepartner ihren Plagegeistern vergeben? Sollen terrorisierte Gemeindeglieder diesen Menschen vergeben? Ja, das sollen sie! Jesus hat uns gelehrt, daß Vergebung grenzenlos ist. Falls man es aber für notwendig erachtet, die Vergebung gegenüber dem

Machtmenschen auch in Worten auszudrücken, hüte man sich sehr davor, daß man ihm nicht ein weiteres Werkzeug für seinen Machtkampf in die Hände spielt. Leider ist folgendes schon oft passiert: Der Machtmensch schlägt erneut zu, physisch oder psychisch. Setzt sich das Opfer zur Wehr, heißt es: „Du hast versprochen, alles zu vergeben. Du hast behauptet, du willst tolerant sein. Sei jetzt endlich demütig! Ist dein christlicher Sinn schon wieder erschöpft?“ So hat er wieder alles im Griff.

Soll man für ihn beten? Diejenigen, die in seiner Macht waren oder sind, sollen nicht für ihn beten, weil sie dadurch leicht eine emotionale Bindung aufrechterhalten. Wenn sie selbst befreit werden wollen, müssen sie sogar diese Art von Verbindung durchschneiden. Aber sie können andere um Fürbitte ersuchen. In diesem ganzen Kampf können sie Gottes Wort praktisch anwenden, das uns auffordert, festzustehen und uns nicht unter das Joch der Sklaverei zu begeben (Gal. 5,1).

Urteil: Ihr Wert als Menschen

Ein letztes Urteil können wir kaum oder gar nicht abgeben. Es steht allein Gott zu. Aber einige Schriftstellen sind erstaunlich hart. Ein positiv eingestellter Mensch, der sich ein Leben lang alle Bibelstellen gemerkt hat, die von Liebe, Gnade und Barmherzigkeit reden, kann nur erschreckt zusammenzucken, wenn er die Augen öffnet und sieht, was noch alles geschrieben steht. Dennoch sollten wir äußerst vorsichtig damit sein, kategorische Urteile über das ewige Geschick solcher Menschen abzugeben. Es kann ja Umstände oder Fehlsteuerungen in ihrer Charakterentwicklung geben, über die sie selbst nicht Herr sind und die sie nicht bewußt gewählt haben. Gott kennt die innersten Irrungen und Wirrungen des menschlichen Herzens. Er kennt alle Motive und Beweggründe und ist bereit, bei der Annahme, Vergebung und Erlösung eines Menschen bis zum Äußersten zu gehen. Einer der beiden Schächer wurde noch am Tor zur Hölle gerettet.

Haben diese Menschen für Gott und im Verhältnis zu anderen Menschen irgendeinen erkennbaren Wert? Ja! — Es kann Situationen geben, in denen ein völlig furchtloser Mensch Dinge zustande bringt, die wir anderen in der Regel nicht schaffen. Im Katastrophenfall zum Beispiel kann ein Machtmensch die Führung übernehmen, die Ordnung wiederherstellen und Großleistungen vollbringen. Einige von ihnen schaffen Kunstwerke von höchster Qualität. Vor allem müssen wir als Christen festhalten, daß auch sie vor Gott einen unendlichen Wert haben — denn das gilt für alle Menschen auf Erden.

Dienst statt Herrschaft

Im 13. Kapitel des Johannesevangeliums steht die merkwürdige und wundersame Geschichte von der Fußwaschung. Will man wirklich zur Tiefe dieses Berichtes vorstoßen, muß man beim dritten Vers ansetzen. Hier heißt es: „Jesus wußte, daß ihm der Vater alles in die Hand gegeben hatte und daß er von Gott gekommen war und zu Gott ging."

Er lag also mit seinen Jüngern zu Tisch, und seine Seele war von dem Gedanken an jene Größe erfüllt, die ihm der Vater zugedacht hatte. Sein Sinn war vom Bewußtsein erfüllt, daß er allmächtig war: Alles lag in seiner Hand! Er dachte vielleicht an seinen Ursprung, an seine herausgehobene Stellung in der bisherigen Ewigkeit. Er blickte vielleicht nach vorne, vorbei an Kreuz, Auferstehung und Himmelfahrt und sah die Stellung, die er als Herrscher Himmels und der Erde einnehmen würde. Er wußte, daß ihn bald Scharen von Engeln umgeben und in ewiger Anbetung umkreisen würden.

Da, heißt es, erhebt er sich vom Mahl, legt sein Gewand ab, nimmt eine Schürze und bindet sie sich um. Dann gießt er Wasser in ein Gefäß und beginnt, den Jüngern die Füße zu waschen und sie mit der Schürze abzutrocknen, die er sich umgebunden hat. Jetzt demonstriert er das, was er einst gesagt hat: „Ich bin wie ein Diener unter euch gewesen" (Luk. 22,27). Mit dieser einfachen Handlung zeigte er uns allen, die wir später seine Nachfolgerinnen und Nachfolger werden sollten, daß auch wir zum Dienen berufen sind. Auch wir wissen etwas von unserer hohen Würdestellung: Wir sind Kinder Gottes und Jünger Jesu Christi. Auch wir werden einst wie unser Meister sein, wenn wir heimkehren in die Herrlichkeit. Das erhebt uns innerlich und stärkt uns den Rücken. Zugleich sind wir zur Demut berufen und zu einer Handlungsweise, die der Fußwaschung im Abendmahlssaal entspricht.

Das Ziel dieses Dienstes und dieser Lebensweise ist es, Gott zu verherrlichen, zu ehren und zu erfreuen. Der Apostel Paulus sagt: „Ich setze meinen Ruhm ein, um zu seiner Freude zu leben" — er meint damit, zur Freude des Herrn Jesus Christus. Denn die Liebe zum Herrn war es, die Paulus antrieb. Er reiste unter unglaublichen Strapazen und Leiden über die Meere und durch die Lande, ohne dabei an sich selbst zu denken. Ständig hatte er das eine vor Augen: mit den Interessen seines Herrn in dieser Welt eins zu werden und darum zu kämpfen, seinen Herrn froh zu machen.

Diese Liebe suchte Jesus auch bei Petrus, als er ihn zum Leiter der ersten christlichen Gemeinde einsetzte. Als Petrus nach vergeblicher Nachtarbeit und nach dem wundersamen Fischfang, den der auferstandene Jesus bewirkt hat, am Ufer steht, nimmt ihn Jesus beiseite und deckt die innersten Regungen seines Seelenlebens auf, indem er dreimal nach seiner Liebe fragt: „Simon, Sohn des Johannes, hast du mich lieb?" Schließlich bricht es aus dem gefallenen Apostel heraus: „Herr, du weißt alles. Du weißt auch, daß ich dich liebe!" (Joh. 21,15ff). Damit war alles klar. Der Weg in die Zukunft war geebnet. Petrus konnte die Leitung der ersten Gemeinde übernehmen.

Die Konturen dieses Lebensstils und dieser neuen Welt sehen ganz anders aus als das, was wir in diesem Buch beschrieben haben. Laßt uns dieses Leben bewahren — in uns selbst und in unseren Gemeinden. Laßt es uns mit aller Kraft gegen alle bösen Angriffe schützen!

Eigenmächtige „Werkzeuge Gottes"

Die größte Gefahr besteht dann, wenn sich ein Machtmensch in einer Gemeinde zum Führer aufschwingt, in der es keine klaren Strukturen gibt. Damit meine ich Gemeinden, in denen die Leiter oder Ältesten nicht frei gewählt werden können und in denen es keine Kirchenordnung mit Pfarrern oder Bischöfen usw. gibt. Vielleicht so eine Schar, die sich regelmäßig trifft, deren Mitglieder sich selbst als „Gesalbte Gottes" bezeichnen und sich selbst als unmittelbares Werkzeug Gottes gebärden und wo eine Person mit starker Ausstrahlung die Führungsrolle übernommen hat. In solchen Gruppen wird oft jede Kritik unterdrückt, und selbst „kleine (Nach)Fragen" sind verpönt. Das Ergebnis ist, daß jemand, der auch nur ein bißchen zu opponieren wagt, rausgeekelt wird. Dabei wird die Meinung vertreten, daß er oder sie sich ja gegen Gott selbst auflehnt, indem die Ansicht des Führers mit einem Fragezeichen versehen wird.

Ein Beispiel: Ein junges Paar aus einer solchen Gemeinde wurde in ein weit entferntes charismatisches Trainingszentrum ins Ausland geschickt. Nach einer gewissen Zeit fingen die beiden an, sich über einen Teil der dortigen Unterweisung zu wundern. Dabei ging es aber nicht um die grundsätzliche Linie, sondern nur um einige Einzelheiten. Sie schrieben an ihren Gemeindeleiter in der Heimat und fragten nach, was er von der Sache hielte. Der Brief blieb unbeantwortet. Auch auf eine weitere Anfrage kam keine Reaktion. Als sie nach einigen Monaten wieder nach Hause zurückgekehrt waren, mußten sie feststellen, daß ihnen die Leute aus ihrer Gemeinde auswichen. Zufällig fiel ihnen ein Brief in die Hände, der an sie adressiert war. Darin stand kurz und bündig, daß sie wegen ihrer Rebellion gegen Gott aus der Gemeinde ausgeschlossen worden seien. Das Schmerzlichste aber war, daß sie den Zusammenhang nicht verstehen konnten. Sie fragten sich: „Was haben wir falsch gemacht? Wie können wir eine Vergebung erfahren?“ Aber keiner wollte ihnen eine Antwort darauf geben, denn es war verboten worden, mit den beiden zu sprechen!

„Überapostel“ nennt Paulus solche Gemeindeleiter (2. Kor. 11,5). Er benutzt diese Bezeichnung, um damit auszudrücken, daß sie sich selbst an die erste Stelle setzen und von niemandem einen Rat oder gar eine Zurechtweisung akzeptieren. Damals stellten sie sich sogar über die Apostel, die Jesus selbst eingesetzt hatte.

Ich möchte nicht den Eindruck erwecken, daß es in allen charismatischen Gemeinden oder Umfeldern so zugeht. Aber ich weise darauf hin, daß solche Umfelder sehr anfällig sind für den Angriff des Machtmenschen, wenn eine gesunde Organisationsstruktur fehlt und sie auch keiner etablierten Kirche oder Glaubensgemeinschaft angehören, die eventuell eingreift und die Dinge zurechtrückt. Machtmenschen können „prophetische Rede“ und „Zeichen und Zungenrede“ für ihre eigenen Ziele einsetzen. Oder auch „eine persönliche Offenbarung des Willen Gottes“. Viele Menschen wagen nicht, etwas gegen Äußerungen zu sagen, die mit „So spricht der Herr, der Allmächtige“ beginnen. Diese Formulierung setze ich bewußt in Anführungsstriche, um zu unterstreichen, daß hier nicht die Rede von echten Gnadengaben ist, sondern von falschen.

Ein weiteres Beispiel: Eine hübsche und ausgeglichene junge Frau schloß sich einer Gemeinschaft an, weil sie den Eindruck hatte, ihre bisherige Kirche sei zu trocken. Nach einer gewissen Zeit teilte ihr der Leiter mit, der ein Machtmensch war, sie solle einen bestimmten Mann heiraten, in den sie kein bißchen verliebt war. Sie wagte nicht, sich Gott zu widersetzen, der — nach allem, was man ihr beigebracht hatte — durch den Leiter sprach. Wenig später stellte sich heraus, daß der Mann Aids hatte. Der Leiter und seine engsten Mitarbeiter wußten das, hatten aber der Frau nichts davon gesagt. Wenige Monate später starb er. Es war ein großes Wunder, daß sich die junge Frau nicht angesteckt hatte.

In jüngster Zeit hat es im Zusammenhang mit solchen Führern auch zahlreiche Skandale gegeben, sowohl hier in Europa als auch in den USA. Männer, die massiv und wortgewaltig zu sexueller Reinheit ermahnt und strenge Parolen für den Umgang mit Alkohol ausgegeben haben, sind aus der eigenen Ehe ausgebrochen und haben ein Leben „mit Fressen und Saufen, Unzucht und Ausschweifung" (Röm. 13,13) begonnen.

Anfangs geschieht dies in der Regel heimlich. Aber solch ein Leben kostet viel Geld, und dann ist der Weg nicht mehr weit bis zum Abgrund namens „Geldgier". Nachdem sie alle Macht haben, ist es leicht für sie, Geldspenden auf das eigene Konto umzuleiten. „Nicht wenige, die der Habsucht verfallen sind, sind vom Glauben abgeirrt und haben sich selbst viele Qualen bereitet" (1. Tim. 6,10). In unseren Tagen sind einige von ihnen verhaftet, verurteilt und ins Gefängnis gesteckt worden. Sie haben aber nicht nur sich selbst Qualen zugefügt, sondern man denke nur an die Scharen derjenigen, die auf diese Leute als Vorbilder gesetzt haben. Sie haben ihren flammenden Reden gelauscht und ihnen geglaubt. Scharen von Menschen haben den Mut verloren und sind von Gott weggekommen. Aber ich glaube, Gott hat eine besondere Gnade für diejenigen, die auf diese Weise auf Abwege geführt wurden. Jesus hat ein hartes Urteil über die gesprochen, die diese Menschen verführt haben: „Aber für den, der einen dieser Kleinen verführt, die an mich glauben, wäre es besser, er würde mit einem Mühlstein um den Hals im Meer versenkt! Wehe der Welt mit ihrer Verführung! Es muß zwar Verführung geben, doch wehe dem Menschen, der sie verschuldet" (Matth. 18,6-7).

Es ist an der Zeit, eine kräftige Warnung ertönen zu lassen. Gottes Volk, wach auf! Schließt euch Gemeinden oder Kirchen an, wo es möglich ist, solche Leiter abzusetzen, damit sie dem Volk Gottes und der Kirche nicht länger schaden können, für die Christus gestorben ist!